サンタクロースの部屋
子どもと本をめぐって

松岡享子

こぐま社

サンタクロースの部屋

もくじ

〝たのしみ〟こそカギ

考えること、あれこれ

サンタクロースの部屋——はしがきにかえて——

十二月にはいると、街はもうおきまりのクリスマス風景。「ああ、またジングルベルの季節がきたか」とおとなたちは思い、子どもたちの多くは、やはりサンタクロースのことを考える。やれケーキよ、プレゼントよと、商業主義のあおりたてる騒がしさの中で、それでも「サンタクロースは、本当にいるのだろうか」と真剣に問いかける子どもが、ことしもまた何人かいるに違いない。

*

もう数年前のことになるが、アメリカのある児童文学評論誌に、次のような一文が掲載されていた。「子どもたちは、遅かれ早かれ、サンタクロースが本当はだれかを知る。知ってしまえば、そのこと自体は他愛のないこととして片付けられてしまうだろう。しかし、幼い日に、心からサンタクロースの存在を信じることは、その人の中に、信じるという能力を養う。わたしたちは、サンタクロースその人の重要さのためでなく、サンタクロースが子どもの心に働きかけて生みだすこの能力のゆえに、サンタクロースをもっと大事にしなければいけない」というのが、その大要であった。

この能力には、たしかキャパシティーということばが使われていた。キャパシティーは、劇場の座席数を示すときなどに使われることばで、収容能力を意味する。心の中に、ひとたびサンタクロースを住まわせた子は、心の中に、サンタクロースを収容する空間をつくりあげている。サンタクロースその人は、いつかその子の心の外へ出ていってしまうだろう。だが、サンタクロースが占めていた心の空間は、その子の中に残る。この空間がある限り、人は成長に従って、サンタクロースに代わる新しい住人を、ここに迎えいれることができる。

*

この空間、この収容能力、つまり目に見えないものを信じるという心の働きが、人間の精神生活のあらゆる面で、どんなに重要かはいうまでもない。のちに、いちばん崇高なものを宿すかもしれぬ心の場所が、実は幼い日にサンタクロースを住まわせることによってつくられるのだ。別に、サンタクロースには限らない。魔法使いでも、妖精《ようせい》でも、鬼でも仙人《せんにん》でも、ものいう動物でも、空飛ぶくつでも、打出の小槌《こづち》でも、岩戸をあけるおまじないでもよい。幼い心に、これらのふしぎの住める空間をたっぷりとってやりたい。

近ごろの子どもは、こざかしく、小さいときから科学的な知識をふりかざして、容易にふしぎを信じないといわれる。しかし、子どもは、本来ふしぎを信じたがっているのだとわたしは思う。図書館で空想物語に読みふけり、図書館員の語る昔話に聞きいるときの子どもたちの真面目な顔つきを見ていると、それがわかる。

＊

トリック撮影のフィルムでは、空飛ぶ主人公のうしろに、見えないはずの針金をいち早く見つけて、もっと幼い弟や妹の夢を無情に破るその同じ子が、お話の時間には、月の精のつえのひと振りで、冬の森が瞬時に春へと変わるのを、息をつめて見守るのである。本当らしく見せかけることによってつくられる本当と、本当だと信じることによって生まれる本当を、子どもはそれなりに区別している。

むしろ、見えないものを信じることを恥じ、サンタクロースの話をするのは、子どもをだますことだというふうに考えるおとなが、子どもの心のふしぎの住むべき空間をつぶし、信じる能力を奪っているのではないだろうか。

図書館——子どもと本が出会う場所

わたしは、アメリカに留学して、子どものための図書館活動について学んだのち、ボルティモア市立イーノック・プラット公共図書館で、児童図書館員としての第一歩を踏み出しました。その後、帰国して大阪市立中央図書館で同じ仕事に就きました。一九六〇年代のはじめのことです。ここには、その頃の体験が綴られています。

✻・大いなる罪人よ出よ・✻

アメリカの図書館で働いていたとき、海外の児童出版の現状を視察にいらした、日本のある出版社の方のお供をして、ニューヨークの出版社をいくつかたずねたことがあった。

すぐれた子どもの本を、数多く出していることで知られるV社へ行ったときのこと。話が本の販売のことに及んで、出版される本のうち、小売店を通じて一般に売れる分と、直接図書館へ売れる分との割合が問題になった。V社では、本が出版されてから一年半くらいの間は、本屋に売れるもの二に対し、図書館一の割合だが、この時期が過ぎると、この割合は逆になり、版を重ねるごとに、図書館への売り上げの率が高くなるということであった。

この割合は、わたしたちがそれまでにたずねた、他の出版社でもだいたい同じで、中には「うちの本は八十五パーセント図書館行きです」というところもあって、アメリカでは、少なくとも子どもの本に関する限り、出版社の最大のお得意様は図書館だな、ということがわかってきた。

そして、話は、本の購買力としての図書館へと移っていったのだが、このとき、V社のC氏がこんなことをおっしゃった。

「子どもの本をよくしたいと思ったら、図書館をよくすること、それがいちばんです。あなたがたも、いい本を出したいと思ったら、日本にたくさん図書館をつくりなさい。ところで、その図書館をつくるについて、ひとつ、いいことをお教えしましょう。」

C氏は、小さなまるい目に、いたずらっぽい微笑を浮かべて、話をつづけた。

「アメリカに、アンドリュー・カーネギーという人がいました。この人は大いなる罪人でした。晩年には、自分でもどうしたらいいかわからないほどたくさんのお金をもってたんですがね。あんまり他人からかすりとりすぎたと、あとになって気がとがめたんでしょうな。罪滅ぼしに、そのお金を何か有益なことに寄付しようと考えたんです。で、思いついたのが図書館です。彼はアメリカのあちこちに、たくさんの図書館を建ててくれました。日本にだって、ちっとばかり他人の金をとりすぎて、お金をもてあましている罪人が、何人かいるでしょう？　そういう人をさがしだして、その人に図書館をつくらせなさい。そうしたら、安心して、いい子どもの本がつくれますよ。」

事実、カーネギーはなくなった一九一九年までに、アメリカ各地に千九百四十六の図書館を贈っている。そして、もし、この鋼鉄王をして、図書館に巨額の富を費やさしめたものが、C氏のいうように〝罪の意識〟であるとするならば、アメリカの図書館関係者は、こぞってこの〝罪の意識〟を祝福するだろう。帰国する少し前、わたしは、同僚の児童図書館員の集まりで、日本の児童図書館について話をさせられたのだが、そのとき、C氏の話を引いて、

「日本では、何といっても図書館の数が少ない。だから、わたしが日本に帰ってまずしなければならないことは、図書館で働くことではなくて、カーネギーのような大いなる罪人をさがすことかも知れません。〝職さがし〟より〝罪人さがし〟です」と、いった。

この大いなる罪人の話は、みんなにたいそうおもしろがられた。お別れのときも、「あなたの〝罪人さがし〟がうまく行きますように！」と、祈ってくれた人が何人かいた。児童部副部長のMさんから、その後いただいたクリスマス・カードにも、すみっこに「例の捜索のその後の状況如何」とあって、大きな疑問符がうってあった。

まったく、大いなる罪人のほしいこのごろである。児童図書館だけではない。障害児のための施設、保育園、遊び場と、子どものためだけでも、罪人の使いみちには事欠かない。ああ、どこかにそんな罪人はいないものかと、ためいきをつきながら、わたしはMさんにたよりを書く。「例の件、あまりはかばかしくありません。ええ、罪人はいます。ありあまるほど。ただ、だれひとりとして、アンドリューおじさんほど偉大でないらしいのが残念です……。」

✻・ 幼稚な本 ・✻

職業柄、よく子どもの本を読む。数からいえば、わたしの読む十冊の本のうち、七冊までは子どもの本かも知れない。でも、たとえ三冊でもおとなの本が読める今は余裕があるというべきで、アメリカで児童図書館員として働いていたころは、ただもう子どもの本を読むのに追われていた。というのは、アメリカの子どもの中には、図書館員は図書館にある本を全部読んで知っているものだという、はなはだ非現実的な信念の持ち主が大勢いて、かれらは図書館にある数千冊の書物の中から、ヒョイと一冊抜き出しては、いとも気軽に「ねえ、これどんなお話？」などと聞くからである。

図書館学校で、子どもの本について一通りの勉強はしていたものの、いざ現場に立ってみると、自分が読んで、内容をよく知っている本は、あそこに一冊、ここに一冊、といった心細い状態で、たまたま子どものとりあげる本が自分の知っているものだというような幸運はとても期待できない。

「これと『ヘンリー・ハギンズ*』と、どっちがおもしろい？」

「……？」

「このミステリー、お化け屋敷のこと出てくる？」

「……？」

「あの本どこ？　ほら、魔法使いの女の子が、おまじない唱えたら、スープのおなべからアヒルが出て来る話あるでしょ」

「……？」

たずねる子どもたちに悪意はないが、駆け出しの図書館員は口頭試問を受けているようで冷汗が出る。図書館学校では、「子どもに、自分の知らない本についてたずねられたら、決していい加減なことをいったり、あてずっぽうで返事をしたりしてはなりません。そんなことをすると、子どもの信用を失います。そういうときは、正直に『残念だけど、わたしまだその本読んでいないのよ』といい、さらに『あなた読んで、お話聞かせてちょうだい』というようにもちかけるといいでしょう」と、教えてくれたけど、十回が十回とも「あなた読んで教えてちょうだい」では情けない。第一「こんど来た図書館員は本のこと何にも知らないよ」ということになって、それこそ信用が失墜する。

そこで、週末ともなれば、アパートの、いささかバネのゆるんだ大きな安楽いすに、文字通りすっぽりはまりこんで、必死で子どもの本を読む……ということになったのである。とにかく、きょう一冊読めばそれだけあすからの仕事に役に立つという、きわめて実利的な張り合いがあって、おとなの本を一冊読む暇があるなら、そのまに子どもの本を二冊……というのが当時のわたしの気持だった。

さいわい、日本の子どもたちは、図書館員が図書館の本を全部知っているなどと考えるほど非常識ではないので、今はわたしも人並みに年齢相当の本を読ませてもらっている。そのかわり、金曜の夜から月曜の朝までのたっぷりした週末の休みもないので、やむなく通勤の電車の中で本を読むことになる。

電車の中で子どもの本を読んでいると（しかもそれがおもしろい本で、ひとりでヘラヘラ笑っていたりすると）、まわりの人におかしな目で見られることがある。愉快だったのは、いつだったか電車通学の小学生と乗り合わせたとき。ふしぎそうに、わたしとわたしの読んでいる本を見比べていたその女の子、「おばちゃんの読んでる本、字ィ大きいねえ」といい、ややあってうれしそうに叫んだ。「わかった！　おばちゃん、幼稚園のセンセでしょう？」

わたしの同僚のUさんの経験はもっと愉快だ。Uさんが児童室で子どもの本を読んでいると、チビでおしゃべりのI君がやって来た。I君のぞきこんで曰《いわ》く、「ナンヤ、幼稚な本読んどんのやなあ。せめて『赤と黒』ぐらい読みいな！」

『赤と黒』もおもしろいけれど、I君いうところの〝幼稚な本〟もなかなかおもしろい。幼稚呼ばわりされることを気にしない方におすすめする。「お読みになる七冊の本のうち、一冊は子どもの本になさいませんか？」

ユーモアのセンス

「おはなしのじかん」などで子どもに話をするとき、わたしはよくおもしろい（おかしい）話を選ぶ。自分でもおもしろい話が好きだからだし、何といっても子どもたちが笑うのを見るのが楽しいからである。

ところが、自分ではおもしろいと思ってした話が、全然子どもの笑いを誘わないことがままある。「三つの金曜日」*というトルコのホジャの話もその一つ。ホジャはイスラム教のお坊さんで、金曜日にはお寺で説教をしなければならないのだが、それがいやでしょうがない。そこで、ある金曜日、説教壇の上から会衆に向かって、「みなさんには、わたしがこれから何を話そうとしているか、おわかりかな?」と問いかける。一同がわからないと答えると、ホジャは、わからない者に話をしてもむだだと、壇を降りてしまう。次の金曜日、また同じことをきかれた会衆は、こんどは、「わかります」と答える。するとホジャは、わかっているならわざわざ話す必要もあるまいといって、またさっさと壇を降りてしまう。三度目の金曜日、会衆の中には、「わかります」と答える者と、「わかりません」と答える者と両方あった。すると、ホジャ曰《いわ》く、「たいへんけっこう。では、わからない人は、わかっている人からきいてください……。」

こっちは当然笑うものと思っているのに、子どもたちの方はごくまじめな顔をしている。こうなると、何とも具合の悪い思いがする。が、反対に、自分で読んでいるときには、さほどおかしいとも思わないのに、話してみると、子どもたちがひどく笑うのでめんくらうこともある。イギリスの昔話「だんなも、だんなも、大だんなさま*」などは、その例である。

また、同じ話をいくつかのグループにしてみると、年齢やそのときの気分によって、笑ったり笑わなかったり、あるいは笑う箇所や程度が違っていたりする。非常にタイミングよく笑うグループもあるし、そうでないのもある。このように、お話の内容や、やり方、聞き手によって、笑いが生まれたり生まれなかったりする場合場合を考えてみると、なかなか興味深い。ことに、一つの話をおもしろがる、おもしろがらないに、かなりはっきりした年齢の差があることや、同じ年齢の子どもでも、育った環境によって反応に違いがあることを知ると、笑う能力はもともと人間に備わっているのかも知れないが、どういうことを、どういうふうにおかしいと感ずるかは、人間の成熟の度合や、社会的な訓練によるものだということがわかってくる。笑いの感覚は、磨《みが》かれなければ発達しないということである。

よく日本人はユーモアのセンスに欠けるなどといわれる。実際ユーモアのセンスがあるかないかは別として、一般にそれを、それほど大事なものと考えていないのは事実である。おかあさん方に、「あなたは、お子さんがどんな人になってほしいとお思いですか」と質問したら、「誠実な人間に」、あるいは「思いやりのある人に」という答は多いだろうが、「ユーモアのセンスのある人間に」というのは、少ないのではないか。

わたしがアメリカの図書館学校にいたとき、クラスで、子どもに本を読ませる目的や、お話をして聞かせることの意義についてディスカッションをすると、きまって「ユーモアのセンスを養うこと」がその一つとしてとりあげられるので、ちょっと驚いたものである。就職して何カ月か後にうける〝勤務評定〟でも、職業的知識や能力とは別に、人物評価の欄があって、そこでも、指導力や協調性と並んで「ユーモアのセンス」の有無が問われた。

こういう事実を見、また生活のいろいろの場面で——ことに、対人関係などが行きづまりを見せたときなど——このセンスのあるなしが、どんなに大きくものをいうかを経験して、わたしは、次第に「ユーモアのセンス」を以前よりずっと大事なものに思うようになった。ユーモアのセンスをささえているのが、単なるとんちの才ではなく、ありきたりの見方にとらわれず、違った角度からものごとをとらえることのできる頭の柔軟さや、少々いためつけられてもはねかえす強靱《きょうじん》な精神、さらにはまた自分の愚かさをも含めて、人間性を暖かく包む心なのだということもわかってきた。それは、ただ人生に彩《いろど》りをそえるものというよりは、もっと人間の生き方に本質的なかかわりをもつものだといえる。

おもしろい話に笑いくずれる子どもを見て、この笑いが、いささかでも彼らのユーモアのセンスを育てる助けになるようにと願っている。

✤・開かれた窓・✤

子どもたちにお話をするとき、どんなによく練習していても、練習のときと同じペースで話が運ぶとは限らない。子どもが興味を示してくれないと、こちらも情熱を失い、単調に、しかも早口で話すようになってしまうし、反対に身を入れて聞いてくれると、こちらも調子に乗って、ひとりでに緩急や間のとり方がうまくゆく。

こういう経験を何度かしていると、お話というものは、決して話し手が一方的に聞き手に物語を流し込むことではなく、話し手と聞き手が、たがいに気持をやりとりしつつ、ひとつの物語をたのしむ、いわば共同作業なのだということがわかってくる。話をおもしろくするのは、話し手の技量だけによるのでなく、聞き手の、話をおもしろがる心にもよるのである。どちらが欠けても、お話はたのしい経験にはならない。

このことは、お話をする上で非常に重要な点で、子どもたちが、有名な声優の吹き込んだレコードよりも、お母さんの生《なま》のお話を喜ぶのも、こんなところに理由があると思われる。お話が、話し手と聞き手の共同作業ということになると、よい聞き手ほど話し手にとって心強い協力者はいない。今でもよく思い出すのだが、わたしがアメリカで働いていたとき、よく「おはなしのじかん」を聞きに来た小さい男の子がいた。ふだんはあまり図書館に姿を見せない子なのだが、どういうものか「おはなしのじかん」だけはよく知っていて、いつもいちばん前にすわって、足もとからわたしを見上げるようにして話を聞いた。

この子は、まったく話に没入してしまうという風で（わたしのつたない話しぶりにもかかわらず！）、たとえば、すばらしいごちそうの話になると、目をまんまるくしてつばをのみ、悪者がかくれているとも知らず主人公が森にはいっていきました……というような場面になると、真剣な顔で「行っちゃだめ、行っちゃだめ！」というように首を振るという具合だった。

時とすると、顔つきや身振りではすまなくて、声をたてることもある。

「むかしむかし、三人の兄弟がいました。上の兄さんはなまけもの、中の兄さんは食いしん坊、末の弟はおとなしい少年でした」というと、「おれ、そいつが好きだ！」「お姫さまが手をふれたものは、片ッ端から金になりました」というと、「すげえ！」という調子。話の合い間に口をはさむことは、奨励はしていなかったが、この子のは、思わずもれた……という感じで、しかも、いつも聞き手全体の気持を代弁するような発言だったので、話の妨げにはならなかった。それどころか、この子が話の魔法に感心したりすると、わたしはまるで自分がそれをやってのけたような、ほこらしくもうれしい気分になるのだった。

この子ほどでないにしても、何人かの子どもを前にして話をすると、中に二、三人、目立ってよく聞いてくれる子がかならずいる。そういう子の目は、何か磁石のような働きがあるのか、その方向へ目をやった途端、こちらの視線を吸いつけてしまう。生き生きしたその目は、いかにも、開かれた窓という感じで、そこから話が吸い込まれていくのがよくわかる。そういう子は、学校でほかの話を聞いているときも、同じように目を開き、心を働かせて、知識を吸収しているのであろうか……おそらくそうだろうという気がする。

同じように話を聞いていても、全然たのしまない子もいる。そういう子の目は、よろい戸のおりた窓のようだ。幼児なら、話がおもしろくなければ、よそ見をしたり、立って向こうへ行ってしまったりするが、大きい子は、形だけはお行儀よく聞いている。そういうのを見ると、お話をたのしむことはおぼえないで、人の話はだまって聞くものだといった形の上の礼儀だけは身につけているのが、何だかかわいそうに思えてしまう。

窓を開いているのと閉ざしているのとでは、長い年月の間に、子どもたちの生活をうんと違ったものにするだろう。知っていることより、知りたいこと、知らねばならぬことの方がずっと多い子どもたちは、本来、大きく心を開いているものではないのか。お話ひとつにしても、目を輝かせて楽しむ子とそうでない子がいるのを見ると、生まれて数年の間に、何がこの子たちをこう違わせたのだろうかと考えさせられる。

のっぺらぼう

小学校の四年のときだったか、先生が「むじな」の話をしてくださったことがあった。ラフカディオ・ハーンの『怪談』*に出てくる、あの話である。聞いている最中、恐ろしさのあまり、頭をかかえて机の下にもぐりこむ子もあったりして、教室内の興奮は大変なものであった。

その後しばらく、わたしたちの間では、むじなごっこが大流行した。手のひらに白いハンケチを隠し持ち、そうっとだれかのそばへ寄って行く。そして、「あんたが見た顔は、こんなんじゃあなかったかね？　ペロリッ……」と言って、顔をなでるしぐさをしながら、すばやくハンケチで顔をおおう。のっぺらぼうのつもりである。やられた方は、「キャーッ！」と叫んで、大げさにこわがってみせる……というのである。

そうやって騒ぎながら、わたしたちは、はじめ話を聞いたときに味わったこわさを、小出しに再現してたのしんでいたようである。実際、この短い話の印象は強烈で、あのとき心に思い浮かべた光景——暗やみに明かりがポツンと見えるところなど——や、救いを求めた屋台のそば屋までがのっぺらぼうになったときの、あの何とも絶望的（？）な恐怖感を、わたしは、今でも、はっきり思い出すことができる。

ところで、近ごろ、わたしが気味の悪い思いをさせられているのっぺらぼうがある。化け物ではなく、確かに人間なのだが。たとえば、ある週刊誌が、怪奇マンガを載せたら、読者が何十万人にふえたとか、図書館の奉仕の対象は、不特定多数の利用者であるとかいう場合の、読者や利用者がそれである。そういうとらえ方をすると、どうも目も鼻も口もない人間しか、わたしには見えてこない。のっぺらぼうを相手に、本をつくったり、選んだりするのは、空恐ろしいことではないか。

わたしは、アメリカで、図書館員がたったふたりという、小さな図書館で働いていたことがある。大都会にあったが、たくさん分館があるので、わたしの館のサービスエリアは、かなり限定されており、従ってお客さん（利用者）にも顔なじみが多かった。

毎日やって来て、聖書の解説書ばかり読むB老人。長い教師生活から引退して、今はもっぱら図書館通いを楽しんでいるH老嬢。この人は大変なミステリー・ファンで、来るたびに「何か新しいミステリーない？」と、わたしたち館員を責めたてる。毎金曜の夜、一家五人でやって来て、週末用の本をたっぷり仕入れていくDさん家族。子どもたちの中では、馬キチガイのJと、貝の本ばかりさがしているTなど。

分館長のCさんは、毎週木曜日、本館へ新刊書の注文に行ったが、帰って来ると、買った本のカードをいちいちわたしに見せて、どんな本がはいるか教えてくれた。「これはイタリアの小さな町を背景にしたミステリーなの。書評はもうひとつパッとしなかったけど、Hさんのために買ったわ。これは新しい園芸の本。この間Dさんがバラの手入れの本さがしてたとき、うちにいいのがなかったでしょう。これはなかなかくわしくていいのよ……云々《うんぬん》。」

もう三十年近く図書館員をしているCさんだから、図書館の本は、特定の個人のために買うものでないことは、もちろんわきまえている。しかし、本を買うか買わないかを決めるとき、Cさんが、お客さんのだれかれをはっきり頭に浮かべていることは確かだった。

わたしも、Cさんにならって、Jのために馬の本はかなりぜいたくに買った。「ほら、新しい馬の本よ！」といったときの、Jのうれしそうな顔が見たいばっかりに……。

職業的良識をはずさない範囲ではあるが、わたしたちは、このように、かなり個人的な心くばりを、特定の利用者にしていた。今になって思うのだが、実はそのことが、高度に機械化された社会の中の、大きな役所の組織の一部でありながら、アメリカの図書館が、暖かさと、生き生きした感じを失わないでいる秘密ではなかろうか。それにかかわる人間を、ひとりひとりとして大事にすることを怠るとき、どんな組織からも、どんな仕事からも、生命が消えてしまう。

不特定多数とか大衆とかいって、万単位で人間を扱うと、みんなのっぺらぼうに見えてくる。目鼻のある人物として人間を見、そのひとりひとりを大事にしながら、仕事をしなければ、息のかよった仕事はできないだろう。

キスは禁句？

アメリカの公共図書館で児童図書館員として働き、今また日本で同じ仕事をしているので、「アメリカの子どもと日本の子どもを比べてどうですか、特に違ったところがありますか？」などと聞かれることがある。なるほど、図書館の中での振舞いや、図書館員に対する態度などに、多少違いが見られはするけれど、図書館に来る子どもを見ている限りでは、子どもはどこも同じという思いの方が強い。特にこの感を強くするのは、子どもたちにお話をしているときである。国は違っても、お話を聞いている子どもの顔つきは、驚くほどよく似ている。ロシアの昔話「美しいワシリーサとババ・ヤガー」*を話したときなど、子どもが反応を示す箇所といい、見せる表情といい、前にアメリカで話したときとそっくりだったので、何か不思議な思いに打たれたものである。

　ところが、話をしていて、「ああ、日本の子どもはアメリカの子どもと違うんだなあ！」と思わせられることがひとつだけある。それは、愛情の表現に対する反応である。

「おはなしのじかん」に、「美しいおとめ」*というアメリカインディアンの話をしたことがある。美しい娘に求婚して断わられた魔法使いが、その腹いせに娘を手元におき、彼女の美しさにひかれてやってくる若者に難題をふっかけ、できぬと石に変えてしまうという話である。ある日、うすのろという少年が、奇妙な仲間をつれてやってくる。魔法使いは、少年に、川の水をなくせと命ずる。そんなことができるだろうか……聞いている子どもたちの顔に、少年に対する同情と憂慮と期待が見えた。わたしは話をつづけた。

「うすのろは、美しいおとめに向かっていいました。『おれにさようならをいってくれ。もうこれでお別れだ。』『さようなら、さようなら、うすのろさん。』美しいおとめは、うすのろの両ほおにキスをしながら泣きました。涙が美しいおとめのほおをつたって落ちました。」

と、ここまできたとき、物悲しいわたしの声の調子にもかかわらず、いちばん前の列にいた数人の男の子たちが、にわかに騒ぎはじめた。ある子はニヤニヤ笑い出し、ある子は隣りの子をひじで突つき、ある子は友だちと目くばせをかわす。一瞬、子どもたちの顔から、物語の進展に寄せていた関心が、たがはじけるように吹っ飛んでしまった。それもこれも、キスというたった一つの言葉のせいであった。

　五年生のK君に至っては、顔を赤くし、にぎりこぶしで、しきりに顔やほおをこすりながら、「あァ、熱ッ、熱ッいなあ」を連発。はたで見ているのも気の毒なほどの照れようであった。しばらくして、ほかの子どもたちは落ち着きを取りもどし、再び物語の世界へもどっていったが、K君だけはだめだった。キスの一言は、K君にとって、目の前で花火が破裂したような衝撃を与えたらしい。せっかくの物語の世界が、こんなことでこわされるのは困ると思い、以後なるたけキスは慎むように努めたが、キスどころか抱擁《ほうよう》にも〝取り乱す〟子がいるのを、その後の経験で知った。

　もともと、口づけたり、抱きしめたりという行為は、人間の気持が非常に高まったときに行なわれるものなので、お話の中でも、たとえば、百年続いた姫の眠りを王子が覚ますとき、夫が長年捜し求めていた妻にやっとめぐりあえたとき、死期の近づいたのを知った母親がわが子を呼び寄せて……など、緊迫した、美しい場面で演じられる。その行為を表す言葉が、子どもたちの心の中で、一種の秘められた快楽と結びついていて、それを耳にしただけで、その場の情景やふん囲気とは全く関係なく、常にある動揺をひきおこすというのは、困ったことだ。

　キスや抱擁を、愛情の表現、あるいは許しや和解のしるしとして、毎日見なれ、しなれている子どもと、成人向き映画のスチールでしかそれを知らない子どもとでは、同じ言葉から受ける感じや意味あいが違ってくるのも、やむを得ないことかも知れない。が、話をする側からいえば、せめて物語の劇的な高まりや、人間の気持の美しさを感じとる妨げにならぬ程度のすなおさで、これらの言葉を受けとめてほしいものだと思う。

ホリーのこと

財布がなくなった。こちらが不注意だったといえばそれまでだが、盗まれたらしい。さっそくその日から、不自由な思いをしなければならなかったが、すぐ新しいのを買う気にはならなかった。財布、時計、万年筆など、毎日手を触れるものは、使いなじんだ年月の間に、それと自分の間に、ある種の個人的な結びつきができていて、なくなったあとも、その結びつきだけは、しばらく残っているという感じがする。

とにかくその感じが消えるまでは新しいのを買うまいと思って、口金の甘くなった古いがま口を引っぱり出して、当座の間に合わせていたところ、十日ばかりして財布がもどって来た。持っていった人は、中身にだけ用があったとみえ、財布は捨てられていたそうだ。雨ざらしにあって、すっかりコチコチになってはいたが、とにかくもどってきた。それとわたしの結びつきは、まだ断ち切れていなかったとみえる。

財布についた泥を落としながら、この同じ財布を前にも一度失いかけたことがあったのを思い出した。そして、それがもどって来たのは、ホリーのおかげであったことも。

ホリーは、わたしがボルティモアの小さな図書館で働いていたとき、毎日のように図書館へやって来た黒人の男の子である。年は八つ。からだはそう小さい方ではなかったが、実にあどけない顔をしていた。黒人の幼い子には、何か胸がキュッとなるような一種独特の愛くるしさがあるが、ホリーはまだ多分にそれをもっていた。言葉に少しなまりがあって、彼のいうミス、ミセスは、ミズ、ミズズと聞こえた。

ホリーについて忘れられないのは、彼が毎週金曜日に、決まってわたしのところへ来て、週末の予定についてたずねたことである。大抵のデートの申し込みは、「○○さん、今週末は何かご予定がおありですか?」「いいえ、別に……」「じゃ、ぼくといっしょに映画でも……」というふうに運ばれるものなので、わたしは、ホリーが大まじめで、わたしの週末の計画はと聞くのがおかしくてたまらなかった。

「そうね、おそうじをして、お洗たくをして、買い出しにいって、手紙を書いて、それから本を読むわ」と、わたしは答える。それが、当時のわたしの典型的な週末であった。わたしには充分楽しいこの週末も、ホリーにはひどくつまらないものに思えたらしい。何週間も続けて同じ答えを聞いたある日、彼はつくづくあきれたという口ぶりで、一体あんたは外へ出ることはないのかと聞いた。

「読む本があるときは、家にいても結構楽しいものよ」と、わたしが答えると、ホリーは、子どもらしいあからさまな非難と、年寄りくさい気づかいのまじりあった目でわたしを見ていった。「ミズ・マズンカ（彼はおしまいまでわたしの名前をちゃんということができなかった）、そんなに家ン中にばかりに引っ込んでいたら、世の中ってものがわからなくなるよ！」

ホリーのこの忠告をうけてから半月ほどして、わたしは、いつになく外へ出る機会に恵まれた週末を過ごした。月曜日、わたしは、ホリーの姿を見つけて、勢い込んで話しかけた。

「ねえ、ホリー。この週末、わたしが何をしたかわかる？　土曜日には野球を見に行ったし、日曜日にはお友だちの新車でフィラデルフィアの近くまでドライブしたのよ！」

ホリーはわたしの報告を聞いておうようにうなずき、ニコリともしないで、一言「そりゃあ、よかった」といった。

ところで財布の話にもどるが、ボルティモアを引き揚げてニューヨークへ行ったとき、汽車の中に財布を置き忘れた。場所が場所だけに出てくるとは思えなかったし、お金も財布もあきらめがついたが、実は財布の中に、ホリーがくれた写真が一枚はいっていて、これがどうにもあきらめられなかった。この写真のために、わたしは一縷の望みをかけて、ニューヨーク中央駅の遺失物係に電話をかけたのである。

用件を話すと、しばらく待つようにいわれ、やがて受話器の向こうから「中にいくらはいっていましたか？」という、いかめしい声が聞こえた。十ドル紙幣が一枚と、一セント貨が数個はいっていたのは確かだ。そのほかに、一ドル紙幣が二枚ほどあったと思うが……わたしがそう答えると、こんどはからかうような明るい声がかえって来た。

「お嬢さん《ヤング・レディ》、お財布には十八ドル七セントはいっていましたよ！」

親愛なるリンドグレーン様

親愛なるリンドグレーン様

　クリスマスと新年おめでとうございます。私はまだあなたにお目にかかったことはありませんが、あなたのお国スウェーデンには、一度だけ参りました。ストックホルムとマルモの公共図書館で、広々とした児童室や愛らしい〝おはなしのへや〟を見せていただき、〝日本の子どもによい本を、たのしい図書館を〟と願う者のひとりとして、大変強い印象を受けたことをおぼえています。

『名探偵カッレくん』*や『さすらいの孤児ラスムス』*など、あなたの作品のいくつかは、かなり以前から日本語に訳されて、日本の子どもたちに読まれていましたが、昨年あなたの作品集が出版されてから、あなたの愛読者が一段とふえました。きょうは、それらの本が、この国の子どもたちに、どんなに暖かく、熱心に迎えられているかお伝えしたくてペンをとりました。

　少し前、こちらの新聞に、スウェーデンでは、図書館でよく利用される本については、その貸出し回数に応じて、作者に印税の割増金を払うことを検討しているという記事が載っていました。図書館で本を一冊購入した場合、二十人、三十人の人がその本を読んでも、作者には一冊分の印税しかはいらないというのでは、作家は正当な利益を受けていないことになる。だから本の売上げだけでなく、図書館での利用からも、作家が収入を得られるようにしようということでした。その記事は、こう結んでありました。「もしこの制度が実施されたら、最大の利益を受けると予想されるのは、女流作家リンドグレーンである」と。

この記事を読んだおとなたちの多くは、おそらくリンドグレーンが何者か知らなかったろうと思います。でも、図書館へ来る子なら知っています。「ピッピ*を書いた人よ」といえば、「ああ！」というにきまっています。ニンジン色の髪を編んで、頭の両方にピンとおったてた、この怪力無比の女の子、ピッピ・ナガクツシタは、この国の子どもたちの間にも、多くのファンをもっています。中には、作者のあなたに一日会って、握手をしてもらうのが「わたしの一生の夢」だという子もいます。

奔放で、行くところ行くところ奇想天外な事件をまき起こすピッピと違って、平和ないなかの日常を描いた『やかまし村の子どもたち*』も、多くの子どもたちに共感をもって迎えられました。ある子は『やかまし村の春・夏・秋・冬*』を返しに来て、「このおとうさんケッサクや」といってクックッと笑いました。ほら、三人のおとうさんが、子どもからそりを借りて、雪まみれになって笑いころげながら、そりすべりを楽しむ場面がありますね。あのことをいっているのです。

この子がこの場面に強い印象を受けたのは、実際におとなが、あんなに夢中になって遊ぶのを見たことがないからでしょう。「まきを割って……」とおかあさんに呼びに来られて、ようやく遊ぶのをやめ、「ちっとも遊ばせてくれないんだなあ」とこぼしながら家に帰っていくやかまし村のおとうさんに、この子は限りない共感を覚えていたのではないでしょうか。「やかまし村……」に、私は、しあわせな子ども時代の理想像を見る思いがします。

あなたの愛読者であるいまひとりの女の子は、私に、ドーナツ騒動で有名な『ゆかいなホーマーくん』*の話をしてくれ、「あれもリンドグレーンが書いたんでしょ。あの人の書くものみんなおもしろいね」というのです。わたしは、それは別の人、マックロスキーというアメリカの男の人が書いたのだといいましたが、彼女は「ヘェー」といった顔をしていました。子どもらしい論理で、「リンドグレーンの書くものはみんなおもしろい」という命題から「おもしろいものはみんなリンドグレーンが書いた」という命題——信念に到達したものと見えます。

作品集の刊行を待ちかねて、次々と全部読んでしまった彼女は、先日私のところへ来て、不服げにこういいました。

「あの人まだ生きとんのでしょ?」

(あの人というのは、リンドグレーンさん、あなたのことです。)

「ほんなら、なんでもっと書かへんの?」

あなたの知らない国語であなたの本を読んでいる、この国の小さな、けれど熱烈な愛読者のために、これからも、たくさんの作品を書いてくださいますように。ご健康とご活躍を、心からお祈りしています。

敬具

なんとも奇妙なこと

中学生とおぼしき女の子のおかあさんから、図書館に電話がかかってきた。話はこうである。

「うちの子がね、きょう図書館へ行ったんですけど、隣りの人がうるさくて、勉強できなかったっていうんですよ。そちらでなんとか注意して、そういうことのないようにしてやってもらいたいんですがねえ……」

このおかあさんは、おそらく、わたしが「まことに申しわけありません。こんどからよく注意して、そのようなことのないように気をつけます」とでもいうことを期待していたのだろう。しかし、まことに申しわけないことだが、わたしはそうはいえなかった。

館の中での静粛については、係りの者は、ふだんから、少しきびしすぎるくらい気をつけており、その日も、そんな苦情がもちこまれるほど騒がしかった記憶もない。が、もしそれほどまわりがうるさかったのなら、いったい、当の中学生は、そのときどうしていたのだろう。うるさくしている人たちに、自分で、「静かにしてください」と頼めなかったのだろうか。あるいは、私たち係りのところへ、「隣りの人が騒がしくて勉強できませんから注意していただけませんか」と、いいにこられなかったのだろうか。または、もっと消極的に、どこか別のところへ席をかえるということもしなかったのだろうか。

中学生にもなった子どもが、それくらいの知恵も働かず、不平不満をいだいたまま家に帰り、それを母親がすぐさま図書館に電話をかけてくるということが、わたしにはなんとも奇妙なことに思われた。

子どもも子どもだが、もし、おかあさんが、そういった子どもの訴えを聞いて、「よっしゃ、おかあちゃんが図書館へ電話かけて、こんどから気ィつけてくれいうて頼んだるわ」とはいわず、「それで、あんたはどうしたん？」ときくようなおかあさんだったら、中学生になるまでに、この子は、もっと自分のことを自分でやれる、少なくともやろうとする子どもになっていたろうと思われる。

近ごろ、親子づれで、図書館の児童室を訪れる人たちがふえてきたが、電話のおかあさんのように、子どもの世話をやきすぎる親が多いのには驚く。閲覧票に名前を書いてくださいというと、さっと子どもに代わって親が書く。貸し出しの手続きについて説明すると、親だけが聞いている。子どもは、自分のことじゃないというような顔をしてよそ見をしている。どんな本がいいかときかれるので、私が「今まで読んだ本の中で、とくべつ好きだった本ある？」と子どもにたずねると、子どもが考える時間も与えず、親がそばから答える……。

遠いところから、わざわざ子どもをつれて図書館にやってくる親は、教育熱心な、子どもを大事にする親なのだろうが、こういう姿を見せられると、こういう親をもつことが、子どもにとって、幸せなのか不幸なのか考えさせられてしまう。

子どもにとって、何か困ったことがあって、自分の力ではどうしようもないとき、あるいは自分で問題を解決しようとして失敗したとき、必ず相談にのってくれ、知恵を授けてくれ、あるいは慰めてくれる存在として親がいることは、何という大きな安心だろう。しかし、親は、子どもに代わって子どもの問題を解決する存在であってはいけないはずである。

たとえ、図書館でまわりの人がうるさくて勉強できないというような小さな問題でも、親が子どもに代わってそれを解決しようというのはよくないと思う。

日常生活の中のそうした小さな問題はそういうときにはどうすればよいかを子ども自身が考え、行動するチャンスを、提供してくれる。いくら手っ取り早い解決が得られるからといって、親がそのチャンスを奪うことは、しないでほしい。子どもが自分で自分の問題を解決できるように、励まし、助けてやるのが親の仕事だと思う。

✲• 上をむいて本を読もう •✲

三年ほど前のある日、わたしはニューヨーク公共図書館の中央児童室で、児童図書館員のSさんと話をしていた。すると、ひとりの母親がやって来て、何やらSさんに助言を求めた。Sさんは、「ちょっと、失礼」と、立って行って、その人のために、一、二冊本を選んであげた。母親はSさんに礼をいい、その本を借りて、満足げにへやを出て行ったが、もどって来たSさんの方は、いささか不満げであった。

「近ごろ、あんな母親がふえて困ります」と、Sさんはいった。「いえね、引っ越しをするんだけれど、子どもがそれをいやがらないように、向こうへ行っても新しいお友だちができるというようなことをお話にした本がないかっていうんですよ。まるで、特効薬かなんぞみたいに、そのときそのときに都合のいい本を読ませようっていうの、わたしはいやですね。読書ってそんなもんじゃないんですもの。」

実際、こういうことは、わたしもアメリカの図書館で働いている間に、いくどか経験した。

「五つになる孫のエミリーが、来週扁桃腺《へんとうせん》の手術を受けるんです。手術をこわがらなくてすむように、小さい子が入院することを書いた、いいお話はありませんか？」

「うちのジミーが、こんど初めて教会からキャンプに行くんですけどね。ちょっと困ったことがあるんですの。というのが、あの子ったら、もう七つにもなるのに、赤ん坊のときから使っている毛布がなければ寝られないんです。何とかこの機会に、毛布なしで寝られるようにしたいんですけど、何かそんなことをおもしろくお話にしたような本ないでしょうか？」

「近々、次の子が生まれるもんですから、ポールはおにいちゃんってわけですの。何か、赤ちゃんを迎える心の準備をさせるのに適当なお話がありますか？」

そうおあつらえ向きの本があるわけはない……と、思われるかも知れない。ところが、アメリカの数多い子どもの本の中には、エミリーやジミーやポールを、そっくりそのまま主人公にしたような本が、ちゃーんとあるから驚く。それだけ要求があるのだろう。

幸か不幸か、日本の子どもの本は、そこまで行き届いてはいない。しかし、自分の都合にあわせて、子どもに本を読ませようとする母親は、日本にもおおぜいいる。

「この子は、がさがさしていて困るんです。落ち着きのある子にするような本を読ませたいんですけど、何かいい本ありませんか？」

「二つ違いの弟がいるんですけどね。けんかばっかりしてしようがないんですの。兄弟仲よくするように教えた本ないでしょうか？」

すると、日本では、こういう要求に応《こた》えて〝性格をよくする童話〟などという一連の本が出版される。


ちょっと考えてもわかることだが、アメリカの場合でも、日本の場合でも、卑近な目的で作られた本には、通り一遍のものが多い。ところが、特効薬かなんぞのように本を利用することばかり考えていると、

「あら、これは主人公が引っ越しする話じゃないの。いまのジュディにぴったりだわ」

とか、

「この本には〝落ち着きのある子に育てる童話〟と書いてあるわ。これにしましょう」

ということになってしまって、もっと大事なこと、たとえばそれが物語としてよく書かれているかとか、その本は全体としておもしろいかというようなことを考えなくなる。あるいは、反対に、どんなによく書かれた、おもしろい本であっても、当座の目的にかなっていなければ、かえりみないということにもなる。それが困るのだ。


本を読ませようとするのはいいが、目先きの効果をねらった読書を強いて、子どもを本ぎらいにしてはつまらない。おとなも、子どもも、本を読むときは〝上を向いて〟いよう。そして、心が、より高い、よりのびやかな世界に向かって開かれているようでありたい。

みんなのもの

おかあさん方の集まりで、子どもの読書についての悩みのいろいろをうかがっていると、「ああ、近くに図書館さえあれば、こんな問題はすぐ解決するのに」と、ため息のでることが多い。おかあさんなら市場の行き帰りに、子どもなら学校の行き帰りに、気軽に立ち寄ることのできる図書館があって、読みたい本が自由に手にはいるばかりでなく、本のことなら何でも、喜んで相談にのってくれる図書館員がいるということであったら、本が高くて読みたいけど、とても買えないとか、どんな本が出ているのかわからないとかいうことは、はじめから問題にならなかったに違いない。

図書館の発達した国の、恵まれた状態を思うにつけても、「ああ、図書館がほしい、図書館がほしい」と、いい暮らしているわたしなのだが、それでは、日本に図書館をふやすのにはどうしたらいいか、あるいはその問題をひっくりかえして、今まで日本に図書館が育たなかったのはどうしてか、ということを考えてみなければなるまい。

そう思っている私に、ひとつのことを考えさせる機会が、先日あった。団地に住むあるおかあさんの話だが、子どもによい絵本を与えたいが、高くてなかなか買えないという悩みをもったそのおかあさんが、同じ年ごろの子どもをもつ近所のおかあさん数人に呼びかけて、みんなで少しずつお金を出し合って本を買い、まわし読みすることを提案したのだそうだ。喜んで賛成してくれるおかあさんもあったが、中に、そうやって買った本は、だれのものになるのかということをひどく気にする人がいて、結局その計画はうまくいかなかったという。

自分がその中に喜びを見出すことのできる書物を、自分のものとして手もとにおくのはしあわせなことである。しかし、たとえ物体としてのその書物の所有権が自分に属していなくても、それは、その書物の中に喜びを見出す妨げにはならないはずである。物としての本の所有にこだわって、中身のもたらす精神的な豊かさを、自分の、そして子どものものにする機会をふいにしてしまったそのおかあさんを、貧しい人だとわたしは思う。

この話は、前に読んで印象に残っていたある本の一節を、わたしに思い出させた。それは、アメリカのある夫人が、子どもを中心に家族ぐるみの読書の経験について書いた本の、公共図書館にふれた部分である。その家庭には蔵書がたくさんあり、夫人自身子どもの本の出版にたずさわっている関係で、子どもの本に対する知識もあり、その限りでは、夫人の子どもたちは、公共図書館のサービスをさして必要としない立場にあった。それでも夫人は、ほしいだけ本が買える家庭でも、公共図書館を利用する習慣が、なるべく早くから、子どもの読書生活の一部になることが望ましいと述べている。その理由として夫人があげていることのひとつが、実はわたしの印象に残っているのだが、それはこういうことである。

公共図書館の利用は、子どもたちに「共同でものを所有することに、自らもあずかる感じを与える……」からというのである。

夫人は、図書館が、いろいろな公共機関の中でも、とりわけすぐれて民主的な機関だといい、子どもたちが図書館に親しみ、自分以外にも書物をたのしむ大勢の人々がいることを知り、幅広い蔵書が、個人では得られなかった恩恵を与えてくれるのを経験すれば、それは世の中のしくみを学ぶ上で、生きた勉強になるといっている。

よくいわれることだが、私たち日本人は、ものを共有するのがへたなのかも知れない。みんなのものというと、すぐ自分のものでないと考えて、そのみんなの中に自分もふくまれていることは考えない。

図書館に限らず、公共の機関を育てるには、私たちの中に、「共同でものを所有することにあずかる」のを喜びと感ずる心を、少しずつでも育てていかなければならないだろう。

図書館を育てるために

子どもの本や読書についての集まりで、おかあさん方にお目にかかって話をすると、たいへん熱心な方が多くて感心する。毎晩かかさず子どもに本を読んでいらっしゃるおかあさん、子どもの読んだ本の記録を克明につけていらっしゃるおかあさん、自分の町には大きな本屋がないので、二時間もかかる都会の本屋まで本を買いにいくというおかあさん、生まれてくる子どものために、今から文学全集をそろえているというおかあさん。それが、ほんとうに子どもにとってよいことかどうかは別としても、すべて子どもにとってよかれと願うおかあさん方の心には打たれる。ただ、少し残念なのは、そういうおかあさんの多くは、いつも子どもという言葉の上に「自分の」という言葉をかぶせ、下に「だけは」という言葉をはかせて、ものを考えていらっしゃることである。だから、おかあさん方の熱意の高い割に、子どもの読書にとって必要な図書館がよくならない。

おかあさん方の中には、経験を通して、子どもの本や文学について、かなりしっかりした意見をもつようになられた方もある。そういう方の知識や経験が、お子さんの成長とともに忘れられ、ほかのおかあさんに役立てられないのは、いかにも残念である。

また、日に百人もの子どもが本を借りに来るのに、図書費の予算が年額五万円で、どうしようもないという図書館がある一方、多くの家庭で、ひとりの子どもに一回読まれるきりかも知れない本が、毎月何冊も買われている。こうしたむだをなくし、もっと大勢の子どもが本に親しめるようにするためには、どうしても図書館がいる。その図書館を育てるために、わが子の読書に関心をもつおかあさん方みんなに、ぜひしていただきたいことがひとつある。

図書館建設のために寄附をするとか、署名運動をするとか、市会議員にかけあうというようなことは、だれにでもできることでないからお願いしない。わたしがいうのは、だれにでもできること、つまり、現在ある図書館をせいぜい利用すること、である。

自分の地域の図書館の所在地を調べて、近ければ、行ってぶらっと中を見てくだされればよい。できれば、本を借りる手続きをとっておかれるとよい。遠ければ、せめて電話番号だけでも控えておいて、電話での利用をおすすめする。どこの図書館でも、電話や文書による質問を受けつけているから、「今、三年生ぐらいの子がいちばん喜んで読んでる本は何ですか？」とか、「子ども向けに書かれた星座表がありますか？」とか、何でもいい、たずねてごらんになるといい。

ただ、現在、日本中どこの図書館も両手を拡げて利用者を歓迎してくれるかというと、そうではないので、行ってみたけれど、不愉快な思いをしたということもあり得る。現にわたしの友人も、わたしのすすめで、近くの図書館の児童室をのぞいたところ、「何の用ですか？」と訊問され、「ここへ住所と名前を書いてください」と、帳面をつきつけられて、本も見ずに帰って来た。別の友人は、四つの子どもをつれて、「児童文化会館」なるところへ出向いたところ、「小さい子はだめです」と、入り口でこわいおじさんにどなられたという。

子どもの本はおいていない、貸し出しはやってくれない、してくれるが手続きが面倒だ、一週間しか借りられないから読めない、質問しても親切に答えてくれない……等々、不満はいくらも出てくるだろう。だからだめだとすぐあきらめず、そこにいる人に一言、「子どもの本もおいてください」「幼児にも貸してください」「一回に三冊貸してください」といってほしい。葉書に書いて、館長あてに出してくださってもいい。

ひとりひとりのおかあさんが、一回ずつ、それをやってくださったら、結果的には、図書館への大きな刺激になる。くりかえし要望があれば、図書館でも、きっとその問題を真剣にとりあげる。利用の増加は、予算の増額や分館設置のきっかけを作る。

バスの路線でも、乗客がなければ運行をとりやめるが、乗客が増えれば、増発する。現状で図書館が満足のいくものでなくっても、利用がはげしくなれば、少しずつ改善されるはずである。使うことが育てることだということをおぼえて、せいぜい地域の図書館を利用していただきたい。

〝たのしみ〟こそカギ

子どもを本の世界にさそいこむために、まわりにいるおとなの人に、どんな配慮をしていただきたいか、ここには、まだ駆け出しだったわたしが、図書館や文庫での体験をもとに、一所懸命訴えた文章がおさめられています。

子どもの人格を認めることから

わたくしのところで、ささやかな家庭文庫（近所の子どもたちのための小図書館）をはじめてから、はやいもので五年たちました。文庫としては、古いわけでも、大きいわけでもありませんが、わたし自身が子どもの本を書いたり訳したりしていることや、公共図書館の児童室につとめた経験もあることから、ときどき、同じように文庫をしている人たち、これから新しくはじめようとしている人たち、あるいは、ひろく子どもの読書に関心をもっている人たちから、いろいろな質問や相談をうけることがあります。

そのひとつに、文庫では子どもの親に対してどのように働きかけていますか、というものがあります。そうたずねられると困る……というのは、実は、わたしの文庫では、子どもがひとりで、あるいは小さい子も年上のきょうだいといっしょに来ることを原則としていて、親が来ることを推奨しておらず、事実めったに来る人はいないからです。

わたしたち（というのは文庫の世話をするおとなのことですが）は、文庫を、非常に小さくはあるけれど、家庭や学校とは別の、子どもが参加するひとつの社会的な場と考え、ここでは、子どもたちと、できるだけ一対一の関係をつくりたい、と考えています。大げさな表現を用いれば、子どもを独立した人格として扱いたい、また子どもにもそのようにふるまってもらいたい、そして、家庭文庫を、子どもがそういう態度で本に接する場所にしておきたい、ということです。

公共図書館で働いていたときのわたしの経験からいうと、たとえば入会の手続きについて聞きに来る場合、もし、親がいっしょに来たとすると（親が子どもをつれて来た場合はなおさらのこと）、子どもは、たいていの場合、こちらのいうことを真剣に聞きません。いいかげんに聞いていても、あとでわからなくなったら、おかあさんに聞けばいいと思うのでしょう。子どもだけで来た場合ですと、たとえまだ自分の名まえさえ満足に書けない子でも、しっかり身をいれてわたしたちのいうことを聞き、りっぱに一人前に行動します。そういう子どもを見ていると、こちらも、おのずとその子を尊敬するようになりますし、その子との間に、いわばひとり対ひとりの対等な関係が生まれてくるように思います。

本を選ぶときでもそうです。子ども自身の自由にまかされると、子どもたちは、たいていの場合、自分に合った、たいへん適切な選び方をするものです。一見突拍子もないものを選んだと見えるときでも、子どもには子どもなりの理由があるようで、こちらがとやかくいわずにおくと、時間がたつうちに、自然に、自分に合った本を見つけだすすべを身につけるようです。

ところが、おかあさんが横から指図《さしず》すると、はっきりいって、いい結果になりません。さいわい、うちの文庫ではそういう経験はないのですが、母親がいっしょに来る文庫では、その点いろいろと問題が多いようです。おかあさんが口出しをするとき、いちばんよく出るのは、「それ、前にも借りたじゃないの。また借りるの？　ほかのにしなさい」というのと、「もう少し字の多い本かりなさい」というのでしょう。なかには「ばかねえ。その本うちにあるじゃないの」というのもあります。

　おとなの目から見れば、一度読んだ本をまた読むのはつまらないことかもしれませんが、子どもたちにとっては、もし、気にいった本にめぐりあった場合、くりかえしくりかえしそれを読むのは、ごく当たり前のことですし、また必要なことなのです。そのようにして何度も何度も読んだ本だけが、子どもの中にほんとうにのこっていくのです。そして、くりかえし読まれることにたえる本は、たいていの場合、質のよいもので、子どもは、読むたびごとに、そこから、何かを発見したり、たのしみをひきだしたりできるのです。

　もし子どもが一回読んだだけで、あと手にとろうという気もおこさないようだったら、その本は、その子にとっては、無縁の本でしかありません。おかあさんとしては、むしろ、子どもが強い執着を示す本をもたないことこそ心配すべきで、子どもがくりかえし借りてかえりたいような本にめぐりあったことは、大いによろこんでいいことだとわたしたちは思います。

　また、字の多い本を読ませようとなさるのも、こまったことです。本を読むことは、字を読むこととは違います。ことばで表わされたことがらを、心の中で絵に組みたて、それを動かしてひとつの世界をつくりだしてたのしむというのが、本を読むということでしょう。とすれば、字の少ない絵本の中にも、たっぷりそうしたたのしみを子どもに味あわせてくれるものもありますし、たとえ字が多くても、子どもの読書能力からいって、そうしたたのしみを与えてくれない本もあります。

子どもが子どものペースですすんでいけば、親の目にまどろこしく見えようとも、着実に、しかも、本の中にたのしみがあることを疑わずに、成長していくものです。親が、子ども自身のペースより速いペースで子どもをひっぱっていこうとすると、結果的には、本が負担に感じられるようになったり、つまらなくなったりしがちです。読書が子どもの中で、たのしいことの範疇《はんちゅう》に属しているように、遠くから見守っていてあげてください、とお願いしたいのです。

図書館からうちにある本を借りてくるなどということも、おとなには理解できないことでしょう。でも、子どもには子どもの理由があります。うちにあっても、それが、おにいちゃんの本だったりすると、その子としては、自分の本としてそれを借りていきたいということもありますし、同じ本があっちにもこっちにもあることが、ふしぎでたまらないということもあるのです。よく文庫で、自分のうちにある本を見つけて、「これ、うちにあるよ」という子がいますが、ちょっと小さい子の口ぶりを聞いていますと、「これ、うちにあるのに、どうしてここにあるんだろう？」というふうにも聞こえます。事実、わたしの文庫で、同じ本が二冊あるのを見つけた子どもたちが（それも、もう四年生にもなっている子どもたちでしたが）、二冊を並べて広げ、少しずつ読みくらべて、「わあ、同じだ、同じだ」と、さも大発見をしたようにいうので、聞いていておかしくてならなかったことがあります。

このように、子どもは、子どもなりの理由があって本を選んでいるのです。かれらが、自分で発見し、自分で納得して先へすすめるように、まわりのおとなは、性急な手出しを控えるべきだと、わたしは思います。

だいたいこのごろは、それでなくても家族の数が少なくて、親の目が届きすぎ、子どもは、精神の発達に必要な精神的な空間――そこでは、子どもは、完全にひとりで、自由であるような――をもつことができないでいるのではないかという気がします。たとえ幼い子でも、その子だけの世界、あるいは、同じ年ごろの子どもとつくる世界というものをもつことが必要ではないでしょうか。そうした精神的な空間があって、はじめて、子どもは、そこに、自分だけの、自分らしい何か――個性とか、人格とか――を育てていくことができるのだと思います。

読書は、子どもたちに、そうしたひとりの世界を与えることのできる数少ない活動の一つです。ですから、そこへ、親が不用意にふみこんでいくことは、さけるべきです。むしろ、ある場合、だまって遠くから見守っていることが、のぞましい教育的配慮であるかもしれません。もちろん、子どもがある程度ひとりだちしてからの読書と、まわりのおとなの手引きを必要とする入門期の読書とでは、おのずと問題は違ってきましょう。それにしても、読書が本来個人的なものであること、読む本の選択についても、読み方についても、最大限の自由がゆるされるべきだということは忘れてはならないと思います。

このような考え方から、わたしたちの文庫では、とりたてて文庫に来る子どもたちの親に働きかけたり、借りてかえった本を家庭でどのように扱ってくださいといったお願いをしたりはしていません。たとえ、本を借りてかえった子どもたちが、絵だけパラパラとながめただけで、次の週、本を返したとしても、またそういうことをくりかえしたとしても、そんなことは、ちっともかまわないことだと思っています。

よく、月刊絵本を購読している幼稚園などで、与えっぱなしはいけないと、おかあさん方に、こういう読み方、読ませ方をしてほしい、こういう点を理解させるように指導してほしいと、いちいち注文をつける熱心なところもあるようですが、だいたい、一冊の本に、唯一無二の読み方などというものがあるでしょうか。それに、本は同じでも、読む子どもはひとりひとり違います。ある本は、ある子に強く訴え、別の本は、別の子どもに喜ばれるということがあります。

同じ本、同じ子どもでも、時期によって、うけとり方が違ってくることも、よくあることです。お話は全然わからなくても、絵に何かひかれるところがあって、とっくりかえしひっくりかえし、ある絵本をながめていた子があったとします。その子の中では、前後のつながりなしに、何枚かの絵――絵本の中の何場面かが、それでも、はっきりと印象にのこるでしょう。そして、一年のち、あるいは二年のち、子どもが、そのお話も理解できる年齢に達して、ふたたびその絵本と出会ったとき、その子の中にたくわえられていた絵が、つぎつぎにつながっていっせいに動きだす……ということがないでしょうか。そして、それは、どんなに目のさめるような経験でしょう。「ゆきむすめ」*のお話の中で、おじいさんとおばあさんのつくった雪人形が、突然、いのちが通いはじめ、動き出したときの驚きにも似た経験だろうと思います。

幼い子どもは、絵の質や、画家のスタイルについて、直感的に、おとなよりはるかにすぐれた識別力を見せることがあります。それをながめていることが、何とも説明はつかないけれども、ただとても快いということで、子どもが絵本をながめていたとしたら、それも、りっぱな本との結びつきでしょう。そのお話にもられている教訓を、子どもが、最初の出会いで一〇〇パーセントくみとらなかったといって、さわぐ必要はどこにもありません。

くりかえしていいますが、子どもが本と出会うところには、できるだけ広い空間をとってやりましょう。本を読んでいる子ども、読みおわった子どもを、つつきまわすことは、ぜったいにさけましょう。

こう申しあげてくると、親は、子どもの読書について、何もしないでいるのがいちばんだ、というふうに聞こえるかもしれません。けっして、そうではありません。ただ、性急な〝教育的配慮〟で、無遠慮に、子どもが本とふれてつくりあげていく世界に踏み込まないでいただきたいと願っているのです。

幼い子どもが最初に本と出会うのは家庭ですし、その機会をつくるのはおとうさんやおかあさんです。子どもがよい読書人に育つために、親をはじめ、子どものまわりにいるおとなの人に、していただきたいことはたくさんあります。これから、そのいくつかを取り上げて、ごいっしょに考えていきたいと思いますが、その中では、図書館や文庫で、本を読む子どもたちを見ているうちに、わたしが発見したこと、教えられたこと、感じたことなどを、なるべく具体的に、実際に即してのべてみたいと思っています。

子どもたちの心のまわりに、子どもたちがのびのびと動きまわれる空間を確保してやること、子どもたちの中で、本がたのしみと結びつけられ、本を読むことが自然の要求になるようにもっていくこと、それを、子どもの読書をめぐるさまざまの問題を考えていく上での、わたしの基本姿勢としたいと思います。

◆本のあつかいかた（その一）◆

本好きのおかあさま方の中に、早くから子どもを本に親しませたいと、生まれるとすぐから、あれこれ本を買いそろえ、さて、それを子どもに与えたところが、喜ぶには喜んだが、ビリビリとページは破る、表紙はかじるで、こまってしまったという経験をおもちの方はないでしょうか。たとえ、それが無邪気な子どもの手にかかったことであり、また、その本が大いに気に入った上でのことであったとしても、いささかでも本に愛着をもっている者としては、本が無残な姿になっていくのを見ては、平気ではいられません。

本のよごれやいたみは、図書館や家庭文庫を運営していく上でも、問題になることのひとつです。本を買うお金が、あり余っている図書館や文庫は、まずありませんから、本が、予想以上にはやくいたむとなると、対策に悩みます。

また、最初から公開することを予想して買いそろえた場合と違い、個人の蔵書をもとに文庫をはじめた方の場合など、それまで大事に扱ってきた本が、貸し出しのたびに、よごれたり、いたんだりしてもどってきたとしたら、どんなにかつらい思いをなさるでしょう。文庫をはじめたいが、そのことを考えると、踏みされないという人もいます。

もっとも、本の中には、非常に造本がわるくて、こわれたからといって、すぐ子どもを責めるわけにはいかないものもあるにはありますけれど、それでも、ときどき図書館などで見かける、あきらかに取り扱いのわるさからくるよごれやいたみ、たとえば、ページに折り目がついているもの、黒く指のあとがついているもの、ビスケットの粉など食べものかすがたまっているもの、書き込み、落書き、切り取り、などを、発見すると、わたくしなどは、どうしようもなく腹がたちます。

公のものであれ、個人の所有物であれ、本の扱いについては、子どもたちは、どこかで、きちんとしたしつけを受けるべきだと思います。そして、ほかのいろいろなことと同様、それをするのは、やはり、家庭――おそらく、子どもが最初に本に接する場所である――ということになりましょう。

さて、ちょっと話が飛びますが、子どもたちにお話をしてやるとき、たまに、全然お話をたのしんでいないのに、お行儀だけはいいという子がいます。目を見ているとよくわかるのですが、お話をわかってもいないし、おもしろがってもいないことがはっきりしているのに、手はひざに、からだも動かさずにじっとしているそういう子を見ると、お話をたのしむことを学ぶより先に、「人の話を聞くときは、がさがさしてはいけない」というような形の上だけのお行儀を、身につけてしまったその子が、かわいそうな気がします。

それと同様、もし、本を読むことを、たのしいとも好きとも思わない子が、本をていねいに扱うことだけは知っているとしたら、それも気の毒なことではないでしょうか。

家庭で、本の扱いをしつける場合も、ただきたない手で本をさわってはいけない、本をほうり投げたり、ページを破ったりしてはいけないということだけを教えこみ、本の中に、たのしい世界があるのだということを知らせてやらなかったら、子どもは、本をていねいに扱う子にはなるかもしれないが、本を愛する子、本から自分の生活を豊かにするものをひきだしてくる子にはならないでしょう。

反対に、まず、本がおもしろいものだということを知らされた子は、ひとりでに、本を大事にすることも学ぶものです。絵をながめること、母親や父親が読んでくれる声に耳を傾けること、それが、子どもにとって、たのしい、こころよい経験であるとするならば、たとえ幼い子でも、そのたのしみのもとになるものを、そう粗末に扱うわけがありません。

子どもたちは、ものに対する態度を、まわりのおとなが、それに対する態度によって、自然に学んでいくものですから、両親が、「どうせ破るのだから、高い本を買っては、もったいない」などといって、内容も、外観も吟味せず、ただ安いものを買い与えて、どう扱おうが気にしないというふうであれば、子どもも、やはり本をそういうふうに見るようになりましょう。

ですから、本の扱いについてのしつけの上からいっても、子どもが最初に接する本は、気をつけて、よいものを選び、だれかが、いっしょにながめ、読んだり、話したりしてやることがのぞましいといえます。

それに、本をただしゃぶったり、ふりまわしたりすることにしか興味のない赤ちゃんの時代を過ぎて、絵をながめたり、読んでもらったりすることを喜ぶようになったら、多少の〝危険〟はあっても、やはり子どもに、本をもたせることでしょう。ただただ破られることをおそれて、見せはするが、さわらせはしないということでは、本に対する親しみを育てることはできません。大事にすることを学ぶためには、自由に扱うことが許されていないといけないと思います。

その意味でも、最初に与える何冊かの本は、たとえ近くに図書館や文庫があって、らくに本が借りられるようであっても、買い与えて、その子のものということにしてやったほうがいいでしょう。それに、所有するということが、大事にすることへの自覚をうながすことにもなりますから。

もし、そのようにして、家庭で本にふれ、本になれたとしますと、子どもたちは、ふつう考えられているよりずっと早く、三歳半から四歳くらいで、りっぱに公の読書機関を利用できるようになるものです。わたしの文庫でも、三歳で会員になった子は何人かいますが、みんな一人前の会員で、わたしたちも、小さい子だから本を粗末にしやしないかなどという心配をしたことはありません。そのくらいの年齢の子どもは、文庫で本を借りることのうれしさを、おおっぴらに表現してくれるので、わたしたちにとっては、ほんとうにはげみになるお客さまです。

アメリカの、ある有名な児童書の編集者が、自分の子どもの読書生活を記した本の中で、家庭で、じゅうぶん本を与えられる場合でも、公共図書館を利用する習慣をなるべく早くからつけたいといい、その理由として、それが、子どもたちに、「共同でものを所有することに、自らもあずかる感じを与える」からだ、と述べています。

家庭における場合と同様、文庫や図書館を利用し、そこでお話を聞き、たくさんの本の中から自分の好きな本を自由に選べることをたのしいと感じた子どもは、「共同でものを所有すること」のよさを体得し、だから「共有物」である本を大事に扱うようにもなると思います。ただただ口やかましく命令するだけでなく、本がたのしいものであり、図書館がたのしい場所であることを知らしめた上で、本の扱い方へしつけをすすめていただきたいと思います。

本のあつかいかた（その二）

前回は、幼い子どもに本を扱わせる上での基本的な心構えといったことについてお話ししましたが、今回は、もっと具体的に、本の取り扱い上の注意といったことを申しあげたいと思います。本は、内容的な価値とは別に、ものとしての一面をもっているわけですから本を扱うときには、そのことも考えなければなりません。

まず、新しい本を買ってきたとき、最初にしていただきたいのが、開きぐせをつけることです。部厚い本を、いきなりガバッと二つに開いたりすると、背がやられてしまうことがあります。また、中にはきれいに開きにくくて、読んでいる間じゅう、指でおさえるか、文鎮などをのせておかないと、ページがもとにもどってしまう本などもあります。そこで、本をながもちさせるためにも、気持よく読むためにも、きちんと開きぐせをつけておく必要があるわけですが、それは、次のようにします。

まず、片手で本をかるくもって、本の背を、机など、かたくて平らなものの上にのせます。そして、片側の表紙だけを、机の上に開いて倒し、表紙のつけね、つまりとじの部分を、もう片方の手の人さし指と中指とで、しっかり押していきます。表紙が、机にそってきれいに開き、はしが浮き上がってくるようなことがなければ、手をもちかえて、反対側の表紙も同じようにします。それから、こんどは、中のページの部分をもち、両はしから数ページずつとっては、中心――つまりとじの部分を、上から下までゆっくり、しっかり指でおさえることをくりかえします。そして、真中まできて、本が、ちょうど中央で二つに開かれた状態になったら、親指のつけねのところに力をいれて、上からしっかりおさえます。これでいいのです。こうしておけば、よほど造本のわるいものでない限り、気持よく開くし、また開いた状態で、ページがおとなしくおさまってくれるはずです。

ときどき保育園などで見かけることですが、子どもの前で、新しい絵本を見せるのに、きちんと開かなくて、子どもは絵がよく見えないし、話すほうは、もちにくいし、ページをめくるとき、バラバラと何ページもいっしょに動いたりして、こまっていることがありますが、これなども、最初にきちんと開きぐせをつけておけば、防げることです。

実は、わたくしも、この開きぐせのことは、大学を卒業して、図書館学校にはいってから教わりました。それまでにも、ずいぶん本を買いもし、読みもしていたわけですから、こんなちょっとしたことを、なぜもっと小さいときに、だれかに教わらなかったのだろうと残念に思ったものでした。それに、こういうことは、大学なんかでなく、まわりにいる本好きなおとなから、もっとさりげなく教わるべき性質のことだという気がしました。

このような、本の扱いについての基本的なしつけは、やはり家庭で、子どもが最初の本である絵本にふれるころから、はじめるべきでしょう。この時期に、家庭で気をつけてほしいことのひとつは、きたない手でさわらないということ。よく学校図書館や、公共図書館の児童室で、入口のすぐそばに洗面台があり「読書の前には必ず手を洗いましょう」などと書いてあったりしますが、わたしは、はじめに申しあげたように、読書が、子どもたちにとって、たのしいことの範《はん》疇《ちゅう》に属していてほしいと願うものですから、本を読む前の手洗いの励行などということを、口やかましくいうつもりはありません。しかし、さわったところに、あとがつくような手は、やはりごめんこうむりたいと思います。

わたしの文庫には、しばらく前まで、紙粘土でできた、身のたけ十五センチぐらいの、お手製の、青い目の子ネコの置物があって、この、目を伏せて、ひょうひょうとした顔つきをしたネコの首からは、「おまえさん、手はきれいかね?」とかいた名刺大のカードがぶらさがっていました。そして、表でどろんこ遊びをしたまままっすぐかけこんできた子、お習字の練習のあと手も洗わずにきた子などは、すぐ、その前につれていかれました。子どもたちは、それを見ると、こちらが何もいわなくても、笑って、自分から水道のところへ走っていくのでした。家庭でもそうですが、とくに文庫や保育園などでは、ガミガミにかわるユーモラスなしつけの方法を、あみだしてもらいたいと思います。

本の扱いで、気をつけてほしいもうひとつのことはページのめくり方です。ページの下でめくるときは親指で、上でめくるときは人さし指や中指の腹でかるく押すようにしてもちあげ、親指と人さし指でかるくはさんでめくるように、何でもないことですが、はじめにちょっと注意してやってほしいと思います。

わたしの文庫でも、何度か経験がありますが、親指と残りの四本指とで、紙をはさむようにしてめくる子がいます。これをやると、ページの下の方に、斜めに折りめがついてしまいます。注意すると、びっくりしたような、感心したような顔をし、見ていると、つぎからは、気をつけてめくっているようです。本人は、けっして本をぞんざいに扱おうと思ってやっているわけでないのですから、こうした心くばりを教えてやることは、必要なことだと思います。

もうひとつ、子どもがしがちなことでこまるのは、表紙だけをにぎって、本をもちあげることです。本は、そのように扱われることを想定して作られているわけではないので、薄い本はともかく、厚い、重い本でこれをやられると、てきめん表紙がはがれてきます。小さい子にも、本はちゃんと閉じてもつように、ひきずらないでかかえるように、教えてやってください。

本の扱いに関するしつけには、もちろん、これ以外のことが、いくつも考えられるでしょう。わたしがうけたしつけの中には、たとえば、たたみの上、つまり足のふれるところに本を置かないということなども含まれていました。目の衛生ということを考えると、読書の姿勢などということも、大きな問題になるでしょう。でも、わたしは、さきにあげた三つのことを守り、それを通して、ものとしての本にも心をかけることを学んでもらえば、それ以外のことは、あまり口やかましくいいたくはありません。本にもいろんな本があるのですから、ねそべって読むのにいい本もあるでしょう。クリームや、ミカンのしるのついた手で本をさわられるのはこまるけれど、おこたで、ポリポリピーナッツなどをかじりながら、大好きな本を読むたのしさは、また格別です。

そのほかのいろんなことと同様、本についてのしつけも、本がたのしいものであることを子どもに印象づける方向で行なっていただきたいと思います。

❖◆ 本を読むことと字を読むこと（その一）◆❖

本屋で、子どもの本の売場にいると、職業柄、どうしてもまわりの人――つまり、本を買おうとしているお客さんたち――の話していることばに、聞き耳をたててしまいます。そして、思わず、心の中で、「あ、いい本をお選びになりましたね。けっこう、けっこう」とか、「ああ、その本は、おもしろいのは題だけで、中身は、ぜんぜんつまらないんですけどねえ」とか、「一盛りいくらの野菜じゃあるまいし、一冊に、たくさんお話がはいっているから得だってもんじゃありませんよ」などと、ぶつぶついっている自分に気づきます。ときには、ほんとうに声に出して、おせっかいをやいてしまうこともありますが……。

こうして、本屋さんの店先で観察していますと、小さい子どものための本を選ぶ際、いまだに字のことが、選択の主な基準になっているらしいのに驚かされます。

パラパラとページをくりながら、「これくらいなら、読めるわね」とか、「これは、ひらがなばっかりだから、だいじょうぶでしょ」とか、絵本を手にとって、「こんな本、読むとこないじゃない」とか、あるいは反対に、「こんなに字がたくさんなの、あなた読めっこないでしょう」とか、こういうせりふを何度耳にすることでしょう。

字が読めるようになるということは、子どもの知的成長の上では画期的なことですから、五歳から六歳の、字に興味をもち、字をおぼえはじめるころの子どもをもつ親にとって、読みもののもつさまざまな要素のうち、字の問題がクローズアップされるのは、当然かもしれません。

しかし、字の分量だけで、絵本を選ぶというのは、どういうものでしょうか。いくらひらがなばかりで書かれていたとしても、内容的にむずかしい本もあります。『ひとまねこざる』*のように、かなり文がたくさんでも、内容からいえば、四、五歳の子どもにぴったりというのもあれば、『スーホの白い馬』*のように、文の量は少なくても、描かれている世界は、幼児よりは、もっと年齢の高い子どもに、より強く訴える例もあります。

ちょっと考えればわかるこのようなあやまちを、いまだにおおぜいの人がくりかえしているのは、本を読むことと、字を読むことが、その人たちの頭の中で、混同されているからではないかと思います。

字を読むことと、本を読むこととは違います。「うちの子は、ひらがなが読めますの」というとき、その読めるは、ふつう、単に、その子に「あ」という形を見せれば、「ア」という声を出すことを意味しているにすぎません。

　そういう子の前に、本をひろげ、字をひとつずつ指でおさえてやると、なるほど、「ア、カ、イ、イ、チ、ゴ……」というふうに、声を出すでしょう。しかし、それだけでは、ある種の符号を、ある音と結びつけて認識しているというだけで、本を読んだことにはなりません。「ア、カ、イ、イ、チ、ゴ」が、「赤いイチゴ」だということがわかり、それが何をさしているかを知っていなければ、これらの字（あるいはことば）のもつメッセージは、その子には伝わりません。「赤いイチゴ」ということばが、その子にとって意味のあるものであるためには、その子は、色についても、クダモノについても、ある程度の経験と知識をたくわえていなければならないわけです。

　しかし、知っているということがすべてではありません。もし、その物語が、ひとりの女の子が、病気の母親のために、季節はずれの森に、イチゴをさがしにいった話だとしましょう。そして、さがしにさがして、やっとひとつぶ、みどりの葉のかげにポッチリ赤い色をのぞかせたイチゴを見つけた！　というときの「赤いイチゴ」だったとしましょう。

だとすると、母親の病気に対する心配や、どうしてもイチゴを見つけたいという強い願い、ひとりで森の中を歩く不安、疲れ、そういう気持を味わったうえで、「あった！」という喜びとともに、つややかな赤いひとつぶを心に思い浮かべたとき、はじめて、本の中の「あかいいちご」という六つの文字が、そのメッセージを、フルにその子に伝えた――つまり、その子が、その本を読んだということになるのではないでしょうか。

ですから、本を読むためには、ことばが表わしているものについての知識だけでなく、ことばが描き出す情景を生き生きと心の中に再現する能力や、主人公の気持に同化する能力、つまり想像力が必要になってきます。

そして、実際に、本が読めるか読めないかという問題になると、字が読めるか読めないかということよりも、ことばの知識のあるなしや、想像力がどれだけよく働くかといったことが、ずっと重要になってくるのです。

このことは、たとえば、小学校三年生で、ひらがなの読み書きのできない子は、ほとんどいないにもかかわらず、本の読めない子、読んでもたのしめない子、本のきらいな子はおおぜいいることでもわかります。

幼児期に、人より半年や一年早く字をおぼえたから、人よりよく本が読めるというものではありません。自動車の各部の名称を、早くおぼえたから、運転がじょうずになるというわけにはいかないでしょう。それと同じことです。

運転をするためには、自動車の各部の名称を知っているだけでなく、その働きを知らなければいけないし、それを操作することを学ばなければなりません。また、それだけでなく、交通規則を知り、地図を見ることができ、さらには、自分で、どこに行きたいという目的や希望があって、それによって車を動かしていって、はじめてドライブがたのしくなり、運転という技能を身につけたかいがあるというものです。

字を読むことも、ひとつの技能でしょう。しかし、ただ「あ」を「ア」というだけの段階にとどまっていては、なんにもなりません。子どもたちが、新しく獲得したこの技能を使って、知識をふかめ、物語の世界にはいりこみ、自分を大きくさせるような経験をするのでなければ、せっかく技能を身につけた値打ちがありません。

とすれば、読書の場合も、ドライブにおける交通規則、道路事情、地図についての知識や、旅行の目的や、旅行したいという願い、あるいは意欲に相当するものを、子どもたちの中に育てていくことを考えなくてはなりません。それが、さっきいったことばの知識や、想像力、さらには、本を読みたいという気持、意欲ということになってきましょう。

そう考えてくると小さい子どもの本を選ぶとき、字が多いか少ないかだけで決めるのではなく、もっと別の、かしこい選び方があると思うのですが、いかがでしょうか。

◆本を読むことと字を読むこと（その二）◆

わたしが図書館で働いていたときのことですが、あるとき、四、五歳くらいの男の子をつれたおかあさんが、児童室にはいっていらっしゃいました。まだ、小学生たちのはいってこない静かな時間で、室内には、ほかにほとんど人はいませんでした。おかあさんは、絵本のたなから、絵本を一、二冊ひきだし、それをもって、窓ぎわの長いいすのところに行き、子どもと並んで、絵本を見はじめました。

そのころ、児童室に、そのくらいの年ごろの小さい子どもが来ることはまれでしたし、またおかあさんがいっしょに来て、子どもに本を読んでやるということも、めったに見られないことでしたから、わたしは、うれしくてなりませんでした。

おかあさんが読んでいるとき、子どもが、なにかときどき指でさしながら、いっている様子が、いかにもほほえましく思われたので、わたしは、たなの本をまっすぐ並べるふりをしながら、そうっとそばに行ってみました。

ところが、近くに行ってみて驚きました。そのおかあさんは、絵本を読んでなんかいなかったのです。

「○○ちゃん、これ、なんという字?」

「き」

「これは?」

「い」

「そんなら、これは?」

「も」

この親子のしていることといえば、ただそれだけなのです。わたしは、ほんとうにがっかりしました。その絵本が、子どもたちのだいすきなお話のある絵本だっただけに、よけいがっかりしました。

子どものほうは、絵本というものはそういうものと思っているのか、そこにかかれている絵について質問するでもなく、おかあさんの「これはなんという字?」の連続に、別にいやがりもせずこたえていました。

字の分量だけで絵本を選ぶのがあやまりであるように、絵本を字をおぼえるための道具としてだけ使うのは、正しいとはいえません。それなら、つみきなり、カードなりを使うほうが、まだいいでしょう。

わたしは、絵本の字の部分は、原則として、おとなが読んでやるもの、と考えています。ごくふつうに考えてもわかるように、子どものことばをあやつる能力は、㈠話されたことばを聞いてわかる、㈡自分でも話せる、㈢書かれたことば、つまり文字が読める、㈣自分でも書ける、という順序で発達していきます。

一つか、一つ半くらいで、自分ではほとんどなにもいえない子でも、おとなのいうことは、驚くほどよくわかっていますし、四、五歳で、字はぜんぜん読めない子でも、話してやると、かなりこみいった、長い話でも、ちゃんとわかってたのしめるものです。

ですから、たとえ字を少しおぼえたといっても、四、五歳から、おそらくは十一、二歳くらいまでの子どもでは、話されたことばを聞いて理解する能力のほうが、書かれたものを読んで理解する能力よりも、ずっと先を行っていると考えてよいでしょう。

ということは、もし、この時期に、まわりにいるおとなが、少しも本を読んでやらず、もっぱら子どもが自分で読むということになると、その本は、「書かれたものを理解する能力」つまり、その時点では、その子の能力の幅のうち、低いほうに焦点を合わせて、選ばなくてはならなくなります。

血湧き、肉踊る大冒険物語でも、じゅうぶんたのしめる子が、「はしる、はしる、こいぬがはしる」式の、大きな字で書かれた本を読むしかないということになります。

そうなると、子どもは、本を読むことによって――ひとつ、ひとつの活字を識別し、それをことばに、文章にとつなげて、意味をつかむという苦労をした割には、心が躍動するような、たっぷりと満足のいく経験をすることができないことになります。自分で楽に読める本には、内容的に物足りないし、ほんとに自分を堪能させてくれるような本は、読みこなせないというジレンマに陥るわけです。

読む力が、聞く力に追いつくまでのこの時期は、本というものに対する興味や信頼をつなぐ意味でも、知的にも、情緒的にも、子どもの中の、いちばん高い、いちばん発達した部分を刺激するためにも、おとなが本を読んでやることはよいことだと思います。

読むことがぜんぜんできないそれ以前の年齢の子に対しては、もちろん、おとなが読んでやるしかありません。

一つ半とか、二つとかの、ごく幼い子どもでも、本を読んでもらいたがることは、よくあります。おそらく、聞いていても、なにひとつわからないような内容の本でも、じっと耳を傾けていることがあります。字がついていると見れば、絵本にかぎらず、新聞でも、おとなの本でも、もってきて、「読め、読め」といいます。たのまれたおとなが、おもしろがって、経済記事や、横文字まじりの料理の本など読んでも、だまっていて、やめると、とたんに「もっと」と、さけんだりします。

また、これも、なんども経験したことですが、字のない絵本でも、「読んで、読んで」とせがみ、とにかくこちらが音声を発するまで納得しないということもあります。このくらい小さい子どもの考えや、感じ方は、ちょっと想像がつかないのですが、わたしの思うに、このくらいの年の子にとっては、自分がその中にひたって暮らしていることばというものが、まだ意味をもったものとしてはとらえられておらず、ある種の音として感じられる状態なのでしょう。そして、本という、なんだかわからないが、四角い形をしたものをあけると、おとなが、一定の音声を発してくれる。

それは、まるで、全体として、ふしぎな、魔力をもった呪文のようなものに、思われるのではないでしょうか。

ある本をひろげると、自分の知っているある絵が現われる。そこへ、呪文が聞こえると、はじめて、その絵が動きだし、ドラマになっていく。そういう、ふしぎなおまじないのような、大きな力をもったものとして、声を聞いているのではないでしょうか。

そして、やがて、その中で、くりかえし、くりかえし出てくることば（単語）を認識し、絵の中に、くりかえし、くりかえし現われるものと、結びつけて、少しずつ「わかる」ようになるのだと思います。

本を前にして、おとなが、ふだんとはどこやらちょっと違う調子で発する声、それは、子どもにとっては、アリババが、宝のつまった岩の前でとなえる、例の呪文、「開け、ゴマ！」と、同じです。おとなのとなえる、この呪文によって、本というものの中にかくされている、さまざまの宝が、少しずつ、子どもの前に、姿を現わしてくるのです。

教える本（その一）

もう七、八年も前になりますが、ある百貨店の子どもの本売場で、いわゆる一日読書相談員をつとめたことがあります。あとにもさきにも、たったいちどのことでしたが、本を買う人たちの中にも、いろんな人がいることがわかって、たいへんよい経験になりました。

そのときのことで、いまでも忘れられないのは、親戚の子どもにあげるのだといって、絵本を買いにこられた女の人のことです。なにか動物の絵本でもということなので、わたしが何冊かおすすめした中に、『かばくん』*があります。

ご存じかと思いますが、動物園にすむ大きなカバと、カバの子の一日を、キャンバスの布目の見える明るい色調の油絵と、みじかい、詩のような文でつづった、たのしい絵本です。

ところが、この人は、この絵本を一ページずつくってみてから、これではどうしようもないといわんばかりの調子で、「これは、カバばっかりやないの」といったのです。

愛すべき『かばくん』は、この人の評価では、見事落第いたしました。

この人は、一ページごとに、ライオンあり、キリンあり、ゾウあり……という動物絵本を求めていたのです。せっかく、高いお金を払って買うのだから、カバだけでなく、もっとたくさんの動物を知ってもらわなければ損だというふうでした。

もっとも、最近まで、ごくふつうのおとなが、絵本といわれて頭に思い浮かべるのは、一ページごとに違った絵のついている、いわゆる乗りもの絵本か動物絵本、でなければ、よく知られているお話に、何枚かの絵をつけた物語絵本くらいのものでした。ですから、この女の人が、従来の、そうした考えで絵本をさがしていたのは、無理もないことでしょう。

ただ、わたしが感じるのは、この人の例にも見られるように、本を見せて、子どもにものをおぼえさせよう、教えようという態度が、子どもに本を買うおとなたちに、かなり根強く見られることです。一般のおとなにとって、子どもの本は、まず、「何かを教えるもの」なのです。

その証拠に、子どもの本の代金を払うときのおかあさん方の顔を見ていますと、たのしみのための本のときは、損をしたとまではいかなくても、ものいりだけれどしかたがないわ、といった顔をしていらっしゃいますが、科学よみもの、図鑑などになると、いかにもよいことをしておりますといった満足感を見せていらっしゃる方が多いものです！

もちろん、ものを教えるのは、本の役目のひとつです。しかし、はじめて本にふれる幼い子どもに、まず何かを教える本をということで本を選び、与えるときも、本をだしにして何かを教えようとかかるのは、ほんとうに教育的なことかどうか疑問です。

わたしが心配するのは、ひとつには、そのようなせまい教育熱心は、ややもすると、もっとゆとりのある、たのしい本を、しりぞけてしまいがちになるという点ですが、いまひとつには、

「教える」ということが、どうも単に知識をつめこむというだけのことであるように思われるからです。

たとえば、さきほど例にあげた女の人が、『かばくん』をしりぞけて、カバばかりではない動物の絵本を買って帰ったとしましょう。すると、その絵本をもらった子は、どうするでしょう。パラパラとページをくってみ、おとなが、そばから、それはゾウ、それはキリンと、名まえを教えてやることになるでしょう。もし、うんと小さい子なら、そのようにして、絵を見ながら、おとなから聞いたことばをくりかえし、「ゾウさん。おはな、ながーい」などといってよろこぶかもしれません。

けれども、絵がほんとうにすばらしく、こまかく見ていくといろんな発見があってあきることがない、という場合は別として、こういう、ものの羅列《られつ》だけに終わる絵本は、子どもの興味を、そうながくひきつけておけるわけではありません。絵を見ては、「これ、ゾウさん」「これ、キリン」と、くりかえしている時期はすぐにすぎて、三つともなれば、ものとものとのつながり、原因と結果の関係へと、興味がすすんでいくからです。

となると、まだネコともじゅうぶん遊んだこともない赤んぼうが、いわゆる動物絵本の主な読者ということになるのでしょうが、そういうごく幼い子が、絵本によって、動物の名まえをおぼえるというのは、いったいその子にとって、どういう意味があるのでしょう。親は、子どもが、そうやって、たくさんの動物の名をすらすらいうのを聞いて、満足するのかもしれませんが……。

そのことと関連して、もうひとつ気になるのは、いまでは、ほとんどの子どもにとって、動物園よりも絵本が、ゾウをはじめ、いろんな動物にはじめて出会う場になっていることです。絵本の絵を見て、「あっ、ゾウだ！」「動物園で見たね」というのでなく、動物園で、「ほら、絵本で見たゾウだよ。やっぱりはながながいだろう」というようなことになっています。

動物にかぎらず、それこそ「ものを教える」本のおかげで、子どもたちは、実際の経験に先だって、本から知識を得ることが多くなってきました。それも、ただ名まえを知る、形を知る、という意味の知識です。

ごくふつうに考えれば、実生活で体験したことを、本の中で、整理し、確認し、自分で応用できる形——知識——にしてたくわえるというのが順序です。人間が、文字をつくり、本をつくり出してきたのが、そういう順序だったのですから。

ところが、いまでは、原始時代を生きているはずの子どもの時代に、どんどん本からの知識が流れこみます。人間の子どもは、すばらしいから、そういう形ではいってきたものもりっぱにうけいれてしまいます。しかし、どんなによくできていても、本は本。二次的な間接的な経験であることには、まちがいないでしょう。どこかで、本からの知識に見合うだけの一次的な経験をすることができないといけない気がします。

そういうことを考えてきますと、ものを教える本というのには、考えなくてはならぬ点が、たくさんあるように思います。本は、何かを教えるもの、とくに絵本は、何かをおぼえさせるものという考えが、まだまだおとなの側に強くあるので、知識の本といえば、それだけで、安心して買い、それでせっせともの名まえなど教えて、教育的によいことをしたと思っていらっしゃる方が多いように見うけられますが、そう簡単に満足してよいものかどうか……。

ものを教える絵本、あるいは、絵本でものを教えることについては、もっとよく考える必要がありそうです。

教える本（その二）

「幼い人たちに、ほんとうの勇気とは何かを教える本」「思いやりのある子に育てる本」「自分のことは自分でする子に――新しいしつけの本」等々、本屋さんで、子どもの本の帯にすりこまれている宣伝文句を読むと、このとおりにいけば、日本中の子どもが、申し分なくよい子になるだろうと思われるような、りっぱなことばが並んでいます。

そして、これが、本を読む子どもでなく、本を買う親たち目当てに書かれていることを考えますと、親というのは、よくよく子どもに何かを教えるのに熱心なのだなあと、感心せざるを得ません。

こういうよい志に燃えたおとなたちにとっては、本というものは、何かを教えるのでなければ存在価値がないのでしょう。「たのしみながら字がおぼえられる本」か、「知らず知らずのうちに算数がすきになる本」、でなかったら、しつけの本、教訓の本というわけです。

わたしが、これまで、書いたり、訳したり、子どもに聞かせたりしてきたのは、いわゆるお話ですが、世のおとなたちが、子どものためのお話に求めているのは、一にも二にも教訓なのだということを、わたしは、いろいろな機会に、いやというほど思い知らされてきました。

今でもよくおぼえているのは、もう十年も前、ある幼児グループの子どもたちにお話をしたときのことです。このときした話の中に、「エパミナンダス」*というのがありましたが、これは、頭のからっぽな男の子が、おかあさんの忠告を忠実に守るあまり、つぎつぎにとんでもないへまをやらかす話です。

おばさんにケーキをもらうと、指でにぎりしめてだめにしてしまう。そうっと帽子の中へいれてくればいいのだといわれて、そのつぎもらったバターを帽子にいれ、炎天下を歩いて、バターだらけになる。そんなときは水につけるものだといわれて、つぎにもらった小犬を小川につける……という具合です。

子どもたちは、はじめてにしては、よく笑い、このとんちんかんを、大いにたのしんだ様子でした。ところが、話が終わってから、ひとりのおかあさんが、わたしのところへ来られて、静かな口調で、こういわれたのです。

「わたしは、あのお話を聞きながら、エパミナンダスという子は、はじめは、ああやってへまをやっているけれど、そのうち、きっとわかってくるだろう。そして、おしまいにはかしこくなって、もう失敗はしなくなりました、というふうに終わるのだろうとばかり思っておりましたのに、最後まで、あのままなんですね。いったい、あれでいいものなんでございましょうか？」

「……？」

いったいこのときなんと答えたものやら、自分の答のほうはまるで思い出せないのですが、あんまりびっくりしたので、質問のほうだけは、忘れることができません。思えば、これが、わたしが、〝よき志〟の厚い壁に、ガーンとぶっつかった最初の経験でした。

その後、わたしは、『くしゃみくしゃみ天のめぐみ』*という本を出しましたが、この本の中の他意のないほら話たちも、〝よき志〟をもつ人々の手にかかると、ずいぶんりっぱなお役目をになうことになりました。

あるおかあさんは、この本では、主人公たちが、ふつうなら嘲笑《ちょうしょう》の的になるような、身体的欠陥をもちながら、最後には幸せになるのがまことによろしい。これを読めば、子どもたちも、人の身体の欠陥について、考えを改めるだろう。ついては、息子のクラスに、病気で髪の毛の抜け落ちた女の子がいて、みんなにからかわれたり、いじめられたりしている。そういう子を主人公にして、みんなが、その子をいじめなくなるようなお話を、ぜひ書いていただきたい、といわれました。

ある先生は、どうもわからん、こまったこまったといった調子で、こういわれました。

「わたしは、先生（わたしのこと）が、あの話（「梅の木村のおならじいさん」*）を、どういうおつもりで書かれたのだろうと、いろいろ考えたんですがね。聞くところによると、南米のある国では、子どもが、おならをしても、失礼だとかなんとか叱らず、『ああ、いいプーが出たね』と、喜ぶんだそうですね、健康にいいというわけで。ですから、あるいは、先生も、こういうことを考えていらっしゃったのかと……」

ずっとあとになって、わたしは、梅の木村のおならじいさんが、デモ隊よろしく、「余計なガスははきだして、気分爽快《そうかい》、健康増進」と書いたプラカードをもって立っているところを想像して、おかしくてたまらなくなりましたが、おならじいさんも、健康教育を標榜《ひょうぼう》しなければ、〝よき志〟の壁はこえられないのでした。

わたしは、根本的には、お話――文学――が、わたしたちに、何かを教えてくれるものだと考えています。しかし、それを、「うそをついてはいけません」「人には親切になさい」というように、直接、生《なま》の徳目として教えこむのでなく、たとえば、うそをついたことによって、こまった破目におちいった人の姿を、あるいはおもしろおかしく、あるいは真に迫って描き出すことにより、それを聞き、読む人の心を動かし、その成長を助けるという形で教えるところに、文学の力があるのだと思っています。

さきのおかあさんは、エパミナンダスが、最後までおりこうにならなかったのが、たいそうご不満のようでしたが、では、逆に、あの話が、「エパミナンダスは、帽子にバターをいれてバターだらけになりました。おかあさんは、バターは、水につけてひやすのだといいました。そこで、エパミナンダスは、このつぎから、ちゃんとバターを水につけて、じょうずにうちにもってかえりました。よかったですね。」というようなものだったら、どうでしょう。おもしろくもなんともないのではないでしょうか。

お話のよさ、お話の強みは、エパミナンダスを例にとれば、主人公の姿を、いかにもこっけいに描くことによって、聞いている者を思わず笑わせてしまう点にあるのです。このように、話にひきこまれ、心を動かされた子どもたちは、いつしか、自分の中の同じ愚かさを笑うことのできる人間に育っていきます。お話が教えるのは、こういうやり方によるのです。

ですから、お話――本を考えるとき、肝心なのは、それがどれだけうまく子どもの心を中にひきいれ、たのしませ、動かすかということであって、すぐ目につくところに徳目のレッテルがはってあるかどうかは、問題ではありません。それほど、教訓が気になるなら、本などというまわり道をとらず、よい教えを紙に書いて、子どもの机の前にはり、朝に夕に、それをお題目のようにとなえさせればいいでしょう。本の役割も、本の力も、本のよさも、性急な教訓主義より、ずっと奥深いところにあるのだということを知ってほしいと思います。

◆ わかるわからない（その一）◆

さきに、子どもに本を買い与えるおとなたちの大半が、まず本に期待するのは、それが子どもに何かを教えることだと申しました。そして、本というものは、事実いろいろなことを教えてくれるものではあるけれど、それを非常にせまく、またせっかちに考えて、どこかに教訓がはっきり打ち出されていないと安心できなかったり、どんな種類の本からでも、なにか教訓を引っぱり出して子どもに押しつけなければ気がすまなかったりするおとなたちがいるのは、困ったことだと申しました。ところが、一面、子どもたちがどういうふうに本を受けいれるかということを見てみますと、おとなたちのそのような〝教育的配慮〟が、かならずしも期待通りの効果をあげていないということがあって、そこにはまた別の問題があることを思わせられます。つまり、与える側のおとなが、ある本を評価するときに重視するポイントと、読む側の子どもが、その本に感じるおもしろさには、往々にしてずれがあるということです。

とくに、物語の中に含まれている寓意《ぐうい》や、思想的な意図といったものは、残念なことに——といいましょうか、さいわいなことにといいましょうか——子どもの心には届かず、その本を選び与えたおとなの期待をよそに、子どもたちによって、あっさり無視されてしまうことが多いようです。

このことは、一方で、だから本を選ぶ段階で、そう気にすることはない。お説教くさい本だって、子どもは適当にその部分を読みとばすのだから……という考え方に進んでいきますが、他方、それでは、子どもたちが、ふつう本から受けとるものはなにか、もし、おとながほんとうに子どもに伝えたいメッセージをもっていたとしたら、どういう形でそれを表現したらまちがいなくわかってもらえるのだろうという疑問へと、わたしたちを引っぱっていきます。

わたしは、近ごろ、子どもがお話——絵本の形で与えられたにせよ、語り聞かせられたにせよ——をわかるというのは、いったいどういうことなのだろうということをしきりに考えています。どうもおとながふつうわかるといっていることと、子どもがわかるということでは、同じわかるでも、わかり方に違いがあるのではないかという気がするのです。あるいは、わかるところへ達するまでの道すじが違うということかもしれません。

わたしは、心理学者でも、大脳生理学者でもないので、こういう問題を追求するのにじゅうぶんな知識がないのが残念ですが、それでも自分なりに、少しでも子どものわかり方についてわかりたいと思っています。

たとえば、ごく身近なところから考えてみると、おかあさんがたから、「子どもに本を読んでやったら、とてもよく聞いたので、わかっているのかと思っていたら、あとで、てんで的はずれなことをいうんですよ。がっかりしました」というようなことをよく聞きます。あるいは逆に、「こんな話、わかるはずがないのに、読んでやると、じっと聞いてるんですよ。あれでわかってるんでしょうかねえ」ということも聞きます。

かりに、ここに「ありときりぎりす*」というお話（絵本）があったとしましょう。おとなにしてみれば、これがわかるということは、つまり、人がせっせと働いているときに、なまけて遊んでばかりいた者は、やがて困るのだということがわかるということでしょう。ところが、じっとはじめからしまいまでよく聞いていた子に、あとできいてみると、「冬になってから、うちの中でありが食べていたごちそうが、おいしそうでおもしろかった」とか「きりぎりすのもってるバイオリンがちっちゃくてかわいいからすき」とかいう答がかえってきます。そこで、おとなからは、「わかってないのねえ」という嘆息がもれるというわけです。

このように、おとなは、短い物語ひとつ読む場合でも、こういうことがあった、それからこういうことが起こったというふうに、順を追って出来事をたどっただけでは「わかった」とはいわず、物語全体が表わそうとしている意味をつかんで、はじめて「わかった」といいます。

しかし、アリやキリギリスという昆虫をよく知っているわけでもなく、ましてや働くとかなまけるとかいうことの意味も知らず、働いたという実感ももっていないような子どもが、いったいどうして、そのようなおとなのいうわかり方ができるでしょうか。

「ありのごちそうがおいしそうだ」とか「きりぎりすのバイオリンがかわいらしい」とかでは、もちろん話がわかったとはいえませんが、わたしは、たとえそういう形ででも、子どもが話につながった、それをひっかかりとして、本の中にはいりこもうとしている点が、とても大事だと思うのです。

日本語の把握《はあく》するとか、英語のgraspということばは、つかまえるという意味と同時に理解するという意味をもっています。おとなは、ものごとを理解するとき、それを全体として総括的に見るとか、分析するとか、表面には出ていない、背後にある意味を考えるとかしますけれど、生まれてまだ何年も生きてはおらず、したがってごく限られた経験しかもたない子どもたちは、そういう理解のしかたはできません。子どもたちが、お話ならお話を理解しようとするとき、まずするのは、どこかにひっかかりを見つけて、そこをつかまえて、話の中へはいるということではないでしょうか。

そして、そのひっかかりは、常に、子どもたちの知っていること、強い関心をもっていることです。食べること、知っているもの、知っている仕草、自分が実生活で快いと思ったことを思い出させてくれる何か……そういうものをかぎとして、足場として、子どもはお話の中にはいっていくのです。

ある子は、一冊の絵本の中に、主人公ではなく、単にその他大勢のひとりとしてかかれていたある人物が片手をあげていたのを、「バイバイ」だと思い、それがうれしくて、その絵本が大好きになった……ということもあるのです。それだけのことにつながって、全体としてはよくわからない絵本についていけるのは、子どもに、まわりのことを理解したいというものすごく強い意欲があるからだと思いますが、ともかく、子どもは、自分の知っていることから出発して、そのわずかな知識と経験をかぎにして、知らない世界にいどみ、小さなひっかかりをつくって、そこから中へはいりこもうとするのです。

そのひっかかりは、わかるための第一歩にすぎず、おとなの期待するわかり方とはほど遠いかもしれませんが、だからといって、てんでわかってないというふうにきめつけたり、がっかりしたりせず、いましばらく気ながに見てやっていただきたいと思います。

わかるわからない（その二）

子どもたちは、実生活の中のものごとであれ、本の中のできごとであれ、自分たちの目や耳にふれるものを理解しようと一所懸命です。全体としてはよくわからない絵本や、物語でも、その中に、ほんの一部分自分の知っているものや関心をそそるものを発見すると、それを手がかりになんとか話についていこうとするものです。

その熱心さといいましょうか、わかろうとする意欲のはげしさには、驚くほかありませんが、考えてみれば、子どもにとっては、知らないこと、わからないことのほうが、知っていること、わかっていることより大きいのですから、当然そうでなくてはいけないのだともいえましょう。そして、この事実、つまり、すでにたくわえた知識や経験より、これからとりいれていかなければならないそれのほうがずっと多いという点から、子どものものごとを理解するときのやり方の特色が生まれているように思います。

知識のたくわえのとぼしい子どもたちが、新しいことにでくわしたとき、それを理解しようとしてとる方法は、ふたつあると思います。ひとつは、自分のもっているわずかの知識を最大限にひきのばして、それでも足りないところは、もちまえの空想力で補って、とにかく、自分なりに相手を理解するということ。もうひとつは、思いきってためしてみる、やってみるということです。ものならさわってみる、なめてみる。場所なら行ってみるというように、直接そのことを経験して、その結果わかるというやり方です。

このことを、子どもが絵本や物語を理解することにあてはめて考えると、前者は、空想力を働かせて、自分の知らない世界を描いた物語にもくいついていくことになりますし、後者は、自分を主人公と一体化して、物語の中で起こるできごとを、自分もいっしょに経験し、そのことによって、お話をおもしろいと感じたり、理解したりするということでしょう。実に、この空想力と、主人公との一体化が、子どもがお話（文学）をたのしむためのかぎだと、わたしは思います。

文学のジャンルの中でも、昔話やファンタジーなど、主として空想力に訴えるものが、おとなの場合と違って、子どもの文学では主流を占めていることや、子どもの文学として成功している作品は、例外なく、読者に主人公との緊密な一体化をさそうものであることなどが、何よりもこのことをよく示しています。

ですから、子どもの本を選ぶ立場にあるわたしたちからいえば、子どもの空想力を刺激して、その働きを活発にしてくれる本、主人公との一体化を可能にしてくれる本がのぞましいということになります。はじめから、多くの知識や経験を要求する話でなく、子どもたちのよく知っていることから出発して、筋道をふんで発展していく物語で、主人公と一体となった子どもが、空想力を働かせていけば、無理なくついていけ、その結果として、子どもの世界がぐんとひろがるというような、そういう物語がのぞまれるのです。そういう物語や絵本なら、子どもによくわかるのです。

ところが、今日、数多く出版される絵本の中には、このような、子どもにとってのわかりやすさを無視したものが多い、それも、ごく幼い子向きの本に多いというのはどういうことでしょうか。

たとえば、なんの理由もなくものごとが起こったり、とりとめなく話があちこちへとんだりするもの。男の子が、いきなり前のページではもっていなかったふうせんをもってあらわれるが、そのふうせんがどこからきたのかについては全然説明がないといったものです。子ども自身のしたりいったりすることが、おとなの目から見てかならずしも首尾一貫しているとはいえないから、本もそうあってよいと考えてのことかもしれませんが、これでは、お話は子どもの心に落着きませんし、安心してお話をたどることができません。

また、主観的なせりふで、場面をつないであるもの。ふうせんをもった男の子のそばに、「うれしいな、ぼくのふうせん、あかいふうせん」などと一人称で書いてあり、つぎのページにいくと、ふうせんは子どもの手を離れていて、こんどは、「さようなら、ぼく、あおいそらのむこうになにがあるかみてきますね」などと書いてあったりします。そうかと思うと、つづけて、「どこまでものぼっておいきよ、ふうせんくん」といった調子で、だれのことばかわからない呼びかけがされていたりします。

これでは、子どもは、だれといっしょになって（一体化して）話についていっていいかわかりません。それに、客観的な事実の叙述と違って、主観的な発言は、そのことばと、その人がそれをいった状況とをいわば二つのレベルでとらえなければならないので、子どもにとっては、たいへんむつかしいのです。

これも、あるいは、子どものものの感じ方や考え方が、ひどく自己中心的なので、子どもの発言とすれば、こういう形になるだろうということで書かれたのかもしれませんが、これでは、子どもに、そこにある事実を理解させることにはなりません。

また、もっとこまるのは、ムードだけを前面に押しだしたような絵本です。ポツンと点のようになったふうせんと、それを見上げる子どもの絵があり、全体に悲しみを暗示するような色が流してあり、これまたなんの説明もなく、「ぼくのだいじなふうせん、いってしまった」などと書いてあったりするものです。

子どもは、ムードとか情緒を理解しないのではありません。あることの結果として生じた情緒を、それだけ押しつけられてもこまるのです。お話の中で、主人公とふうせんとのむすびつきが、具体的に語られ、それが、その子にとって、どんなにだいじなふうせんであるかということが、読者である子どもに、きちんと伝わってさえいたら、ただ「ふうせんはきえてしまいました」とだけ書かれてあっても、そのときの主人公の気持を、じゅうぶん自分にひきつけて感じることができるものです。それが、子どもにわかるということなのです。

子どものもつ空想力は、たとえば、ふうせんにつかまって、主人公の子どもが、この世ならぬ場所へ旅行するといった場合、まるで自分がそうしたかのように感じたり、そこで起こるふしぎなできごとを受けいれたりすることには役に立ちますが、結果から原因をおしはかったり、ばらばらに与えられた事実をひとつにつなげる関係を考え出したり、ある状況や行為の結果起こった情緒を、その状況や行為ときりはなして、情緒だけで受けとめたりすることには役に立たないものなのです。

一見、子どもに近く見せかけてある本が、実は子どもにとって、わからない本だということがあることを知っていただきたいと思います。

◆ たのしみについて（その一） ◆

わたしが、アメリカのボルティモア市にあるイーノック・プラット公共図書館に児童図書館員として就職したとき、第一日目に、児童奉仕部の部長さんから、ひとつのリストをわたされました。これは、二〇〇冊近い代表的な子どもの本と、子どもの本に関する本のリストで、プラットの児童図書館仲間では、ふつう「ベーシック（基本リストという意味）」と呼ばれて、いささかおそれられていたものでした。というのは、新任の児童図書館員は、約四週間ごとに、自分から申し出て、児童奉仕部長と面接の時間をとり、このリストの中の本について、部長と討論する。そして、勤めはじめてから二年以内に、このリストの本全部について、討論をすませていなければいけない、と決められていたからです。

わたしたちは、集まるとよく「わたしベーシックがまだ一〇〇冊以上残ってるのよ」とか、「ここ三か月間、いちどもベーシックをやってないの、どうしよう」などといったものでした。わたしは、もともと勉強のつもりで勤めたことでもあり、留学生の身分では一年しか働けないことを知っていましたから、その間にできるだけ多く面接を受けようと決心していました（実際は、そうもいかなかったのですが）。そこで、第一回の面接を、リストの中のおもに絵本のところから選んだ何冊かで受けることにしました。まえからよく知っていたものもあるし、なんといっても絵本は読むのにそれほど時間がかからないので、準備がしやすかったからです。

児童奉仕部長のJさんは、図書館員というよりは大学の先生というタイプの方で、わたしなどは、まるで口頭試問を受ける気分でいたのですが、話しはじめてみると、やはりお互いに好きな子どもの本の話をするのですから、気分もほぐれて、そうコチコチにならずにすみました。

このとき、Jさんとわたしとで評価が違っていたのは、『どろんこハリー』*と『あおくんときいろちゃん』*でした。わたしは、『どろんこハリー』をはじめてみたとき、あのマンガ風の絵が気にいりませんでした。そのころのわたしとしては、エッツの『わたしとあそんで』*や『もりのなか』*のほうが、ずっと好ましいものだったのです。

ところが、ハリーに対するJさんの点は、かなり高いものでした。そして、納得がいかない顔をしているわたしに、Jさんは、この本は、とても子どもに喜ばれていいんですよとおっしゃり、ハリーは、いずれおさるのジョージのように、本の中から生まれたひとつの個性として、ながく子どもたちの友だちになるでしょう、とおっしゃいました。

ハリーについては、その後、何度も、学校訪問や、児童室での自由な読み聞かせに使って、その力がわかってきましたし、絵も、子どもといっしょにながめてみると、ハリーの表情の生き生きしていること、全体に、動きといたずらっぽい、あかるい気分が満ちていることがよくわかって、Jさんのおっしゃったことがだんだんわかるようになってきました。『あおくんときいろちゃん』については、わたしは、実はどう評価したらいいかよくわかりませんでした。黄色と青の紙を、まるくちぎっただけの、手足も、目も鼻もないあおちゃんときいろちゃんが登場して、物語が進んでいくこの絵本は、たしかに斬新《ざんしん》で、おもしろいと思いましたが、具体的にものごとをとらえている年齢の子どもたちに、これがどう受けとられるかわかりませんでしたし、デザイン風の絵本がふえていく傾向を、もともとあまり好ましく思っていなかったこともあって、この本には、大きな疑問符をつけていたのでした。

ところが、Jさんは、この本についても、子どもたちにたいへん喜ばれているということで、高い点をつけていらっしゃいました。そして、この本が、子どもをひきつけるのはただのちぎり紙とはいえ、あおちゃんやきいろちゃんに、人らしさというか、人としての性質を感じさせる何かが、たしかにあるからでしょう、とおっしゃいました。

以来、わたしも、この絵本を何度も使い、Jさんのおっしゃったことがわかるようになりましたし、お話としても非常によくできていることを感じて、子どもたちがこの絵本を喜ぶのももっともだと納得できるようになりました。

この話し合いのとき、わたしが気がついたのは、Jさんが、子どもが喜ぶということを絵本の評価の際に、非常に重要に考えていらっしゃるということでした。それに、なんといっても、Jさんは、現場での経験を三〇年も積んでいらっしゃるわけですから、Jさんが「その本は子どもに喜ばれる」とおっしゃるときには、そのことばにずっしりした重みが感じられるのでした。

二回目の面接のときだったか、何冊かの絵本についての話し合いが終わったところで、Jさんは、絵本の評価のいちばんもとになる基準というか、よい絵本に共通する要素の第一はなんだと思うかとおききになりました。ひとつにしぼってということになるとむつかしくて、わたしがいろいろことばをさがしていると、Jさんは、自分は、それをたのしみ（pleasure）だと考えているとおっしゃいました。

つまり、ある絵本が子どもにとってよいものかどうか、永続的な価値をもつかどうかを判断する決め手は、その本が、子どもにたのしみを与えるかどうかということだというのです。基本リストにのっている何冊かの絵本は、大きさも違い、テーマも素材も、絵の手法も、それぞれに違っているけれど、どの本も子どもたちに喜ばれてきた、子どもたちにたのしみを与えてきたという点で、共通しているというのでした。

わたしがおそるおそるJさんの前にすわった日から、はや一〇年に近い年月が流れ、その間に、わたしもずいぶんいろいろな絵本をみましたが、これはどうかなと思う本に出くわすたび、Jさんのことばを思い出してきました。そして、そのことばが正しいと思うと同時に、一口にたのしみというそのたのしみの質をよくよく吟味しなければいけないと思うようになりました。

というのは、たのしみにもいろいろあるからです。子どもの反応を大事にするといっても、子どもの喜ぶ本がすべてよい本とはいえません。その本が、子どもの心のどのあたりを刺激しているのかということを、わたしたちが判断できなければ、一時的なくすぐりでしかない本も、もっと深く精神にかかわる本も、同列に扱ってしまうことになりかねません。そこで、わたしは、今では、Jさんのおっしゃるたのしみに、「永続性のある」とか、「健康な」とかいういくつかの形容詞をかぶせて考えることにしています。

◆たのしみについて（その二）◆

子どもが絵本にもとめているもの、それがあるがゆえに絵本にひかれ、絵本についていくもの——それは、一口でいえばたのしみだということを、前回申しあげました。もちろん、このたのしみは、一律のものではなく、それぞれの絵本に、違った種類、性質のたのしみが見いだせます。しかし、子どもに喜ばれている絵本、今日よい絵本として定まった評価を得ている本を、ちょっと気をつけて見てみると、みな、なんらかのたのしみを、子どもの前にさしだしていることがわかります。

そこで、わたしたち——子どものために、絵本を選ぶ立場にあるおとなは、それらの絵本が子どもにさしだしているたのしみのさまざまの形にふれ、新しく出た絵本を評価するときに、それが、子どもたちに、どのようなたのしみを約束しているか、またはいないか、判断できるようにならなければなりません。

絵本が子どもに与えるさまざまのたのしみについて学ぶためには、わたしたちはなによりもまず、ながいあいだ子どもたちに読みつがれてきた絵本を手がかりにしなければなりません。子どもたちは、自分はこの本が好きなんだ、これこれの理由で好きなんだ、自分たちがここに見いだしたたのしみはこれなんだというふうに、わたしたちに語ってはくれませんから、わたしたちのほうで、かれらが無言のまま、くりかえし手をのばす絵本を、さぐっていくよりしかたないのです。

今日のような形での絵本は、せいぜい一〇〇年くらいの歴史しかもっていませんが、変動の大きかったこの年月、変わることなく子どもに読まれてきた絵本があるとすれば、それらの絵本は、子どもが絵本にもとめているたのしみについて、かなりはっきりした事実を、わたしたちに語ってくれるはずです。

このような、長い生命を保ちつづけている絵本で、今日、わたしたちが手にすることのできるものを何冊かあげてみますと、『ちびくろさんぼ』*『一〇〇まんびきのねこ』*『おかあさんだいすき』*『いたずらきかんしゃちゅうちゅう』*『シナの五にんきょうだい』*『ちいさいおうち』*『もりのなか』『ひとまねこざる』、それに、『ピーターラビットのおはなし』*をはじめとするビアトリクス・ポターの絵本などがあります。これらは、すべて外国（アメリカとイギリス）生まれの絵本ですが、日本で生まれたものとしては、『きかんしゃやえもん』*や『ふしぎなたいこ』*など、昭和三〇年ごろから出版されはじめた岩波子どもの本のシリーズや、『ぐりとぐら』*『しょうぼうじどうしゃじぷた』*『だいくとおにろく』*など、月刊の絵本である「こどものとも」として出版されたものが何点かあります。

今も盛んに読まれているこれらの絵本をながめて、最初に気がつくことは、これらの絵本には、ほとんど例外なくよいストーリーがあるということです。ということは、おもしろい物語は、子どもが絵本にもとめているたのしみの、筆頭にあげられるのではないかとわたしたちに考えさせます。そこで、きょうは、このストーリーについて、考えてみることにしました。『ちびくろさんぼ』や『おかあさんだいすき』に子どもが感じるおもしろさが、その劇的で、しかも非常によく形の整ったストーリーにあることは、容易にわかります。しかし、わたしが、ここでストーリーといっているのは、かならずしも、劇的な事件がつぎつぎと展開することをさしているわけではありません。

解決されるべき課題が提示され、それが一貫して追求され、満足のいく解決が与えられて終わるという、物語の骨組といったらよいでしょうか。読んでいる子どもたちに、それからどうなるだろう、つぎに何が起こるかしらという興味を起こさせ、それによって子どもたちを引っぱって、おしまいまでつれていく力といったらいいでしょうか、わたしのいうストーリーとは、そういうものです。

『一〇〇まんびきのねこ』では、たったひとつ、しあわせに欠ける事実、つまり子どもがいないというさびしさを埋めるために、年とった夫婦が子ネコを一匹もとめるというのが課題です。その課題が最後に解決を得るまでに、どんなに奇想天外な場面が展開するか、この絵本は、昔話のような安定した形式に、意外さがよりあわさって、非常に強力なストーリーをつくっています。『シナの五にんきょうだい』では、無実の兄弟が、どうやって死刑からのがれるかという課題が、読む者の興味をひきつけていきますし、『ぐりとぐら』では、ノネズミたちが、自分のからだよりも大きいたまごをどうするか、という点に、読者の注意が向けられます。

主人公が終始同じ場面にいて、ほとんど動くことさえないような『わたしとあそんで』にも、しっかりしたストーリーがあります。大事件こそ起こりませんが、女の子が、自分と遊んでくれる友だちを見つけることができるかという課題が、きちんとお話を先へ進めています。

このように、波乱万丈の物語であれ、起伏の少ない静かなお話であれ、よい絵本というのは、例外なくよいストーリーをもっているものです。しかも、大事なことは、そのストーリーが、中心になる課題にしても、展開にしても、子どもが理解できること、子どもが関心をもつことから離れていないということです。

食べること（『ぐりとぐら』）、友だちをもつこと（『わたしとあそんで』『だるまちゃんとてんぐちゃん』）、自分の存在を認めてもらうこと（『どろんこハリー』『しょうぼうじどうしゃじぷた』）、こわいものからのがれること、あるいはそれにうちかつこと（『ちびくろさんぼ』『三びきのやぎのがらがらどん』）。これらは、すべての子どもたちにとって、切実な関心事といえましょう。

このように、子どもたちの本来の興味や理解能力から離れないところで、ひとつの課題が示され、それが導き手となって、ものごとが秩序だって、首尾一貫して進展していき、満足のいく形で解決するストーリーというものは、子どもに、ひとつのまとまった世界を感じさせます。絵本を読んでいる間じゅう心を躍動させるだけでなく、読み終わったあとに、なにかたっぷりした経験をもったという感じをのこします。子どもが、よいストーリーに味わうたのしみというのは、こういうことではないでしょうか。

◆かわってきた本と子どもの結びつき◆

わたしの文庫は、開いてから、まだ六年にしかなりませんので、文庫の子どもに関する限り、「今の子どもは、昔の子どもに比べて……」などということは、ほんとうはいえないのですが、それでも、ここ一、二年の子どもたちを見ていて気がつくことが、いくつかあります。

そのひとつは、お話を聞くときに、話し手であるわたしたちを見ない子が出てきたということです。わたしの文庫では、毎週欠かさずお話をしていますが、六年前も今も、子どもたちが、お話をたのしみにしていることには変わりありません。ただ、以前に比べて集中する力が弱くなったような感じを受けます。そして、この手ごたえの弱さのひとつの現われが、話し手と目を合わさない子どもたちがいるということなのです。

しかし、話し手を見ないからといって聞いていないわけではなく、話し手の言いまちがいを、即座に訂正してくれる子もいるし、話が緊迫してくると、やはりどの子も顔をあげて、話し手を見るのです。

わたしたちは、いわゆるお行儀について、あれこれ口やかましくいうつもりはありませんでしたが、それでも、こちらを見てくれない聞き手には心乱れます。いったいどうしてだろう？ それに、そういう子が、どんどんふえつつあるように思われるが、それはなぜだろう？ と、わたしたちは考えました。

そこで、ひとつ、わたしが思い当ったのがテレビ――正確には、テレビに代表されるすべての機械的に再生された声――の影響ということです。つまり、人間の声というのは、本来、それを発する人間（人格）と切り離しては考えられないものなのに、今日では、日常生活の中に、人格なき声が氾濫《はんらん》しているために、子どもたちは、声を聞いても、その背後に人格（人間）を思い浮べなくなり、したがって、お話を聞いているときでも、声のもとである話し手と、人格的なかかわりをもとうとしないのではないかということです。

よく、初めてラジオや蓄音機を聞いた人たちが、どこに声の主がかくれているんだろうと、機械のはいっている箱をひっくりかえして調べたというような話を、笑い話として聞きますが、機械的に再生された声をもたなかった人たち――それは、いくらも昔のことではありませんが――にとっては、声が聞こえるということは、すなわちそこにだれかいるということだったのです。

ところが、今では、子どもたちは、ラジオやテレビの音、音、音の中へ生まれてきて、人のいない箱から声が聞こえることなど、ふしぎとも何とも思っていません。こちらが心をこめて聞いていようが、無視していようが、変わりなく話しつづける機械が、むしろ声についての子どもたちの認識の土台になっているのかもしれません。

声に対する認識ということのほかに、もうひとつテレビの影響と考えられるのは、過度の刺激に対する子どもたちの防御手段としての〝よそ見〟です。赤ちゃんのときから、耳もとで鳴りつづけるテレビの番組は、ほとんどすべて、子どもの通常の経験や理解の範囲をはるかにこえたものです。人間の子どもはすばらしいから、そういうものを見せられていると、驚くほど早くいろんなことを理解するようになってきますが、それでも、一日中くりひろげられる番組のひとつひとつを、全身全霊を使って理解しようとすれば、すぐに知的過労（?）に陥ってしまうでしょう。わたしたちが受けいれることのできる知的、情緒的刺激には限度がありますから。

そこで、それをさけるために、いわば自動的な防御メカニズムが働いて、テレビが何かいっていても、〝聞きながす〟すべを身につけるようになります。子どもたちが、話し手の目をまっすぐ見て、話に食いついてこようとしないのは、この辺にも、理由があるような気がします。

お話を聞く態度だけに限らず、子どもと本のかかわりあいも、以前に比べて、通りいっぺんになってきたような気がします。よく、「近ごろの子どもは本を読まなくなった」ということを聞きますが、わたしは、それはほんとうとは思いません。子どものための本の出版が点数、冊数ともに、飛躍的にのびていること、図書館、文庫など、子どものための読書施設が、少しずつではあっても増えつづけていることを考えると、本を読む子どもの数は、全体として多くなっているはずですし、少なくとも、もし子どもが本を読みたいと願うなら、昔にくらべて、本が手にはいりやすい状態になっていることは確かです。

ただ、問題は、そのように恵まれている今の子どもたちが、はたして、本の手に入りにくかった昔の子どもほど、深く本とかかわっているか、内容が、くっきり心に焼きついて離れないような読み方をしているか、忘れられないようなたのしい思いをしているか、ということだろうと思います。そして、残念ながら、その点については、わたしは、大きな疑問符をつけざるを得ません。最近、文庫で、わたしたちが心底驚き、理解に苦しむことは、本の見返しにはってあるポケットから、貸出し票を抜きとり、そこに自分で書いた自分の名前を見るまで、自分がその本を読んだか読まないかおぼえていない子がいることです。先日も、ある文庫で、「なにかいい本ない?」とたずねた子に、文庫の者がある本をすすめ、かなりくわしく内容を説明してやったところ、その子は、「うん、うん」とうなずいて聞いていてから、やおらその本をとりあげ、パラパラめくってみて、「ぼく、この本読んだみたい」といったことがありました。その本というのが、わたしたちが考えると、一度読んだら一生忘れられないような内容と迫力をもつ本だっただけに、この話は、わたしたちに、笑ってすませることのできない衝撃を与えました。

子どもたちは、騒音にみちた、せかせかと落ち着かない世の中に生まれたいと思って生まれてきたわけではありません。そういう世の中をいやだとも、困るとも思っていないでしょう。子どもたち自身は、与えられた環境の中で、テレビをたのしみ、本を読み、お話を喜んで、たくましく育っていきます。

ただ、そのたくましさが、どんな本でもぱくぱく読んで、さらさら忘れるたくましさ。声は聞いても、声の主は無視することのできるたくましさにならないかどうか……。

本と子どもの結びつきは、たのしみの感情にささえられた個人的なものであり、読書は、まずひとりひとりの問題として考えなければならないというわたしの考えは変わりませんが、今の子どもたちをとりまくもうひとまわり大きな環境についても、考える必要のあることを思わせられます。

◆　絵本と子ども、仲をとりもつおとなの役割　◆

英語で物しりのことを言いあらわすのに「歩く辞書《ウォーキングディクショナリー》」ということばがありますが、わたしたちの小さな図書室のご常連のひとり、今二年生のE君は、さしづめ「動く豆百科事典」とでも呼びたい子です。からだが小さく、室内をチョコマカ動きまわるので、わたしたちは、もっと幼

郵 便 は が き

おそれいりますが切手をおはりください

112-8666

東京都文京区
関口1-23-6

こぐま社 行
お誕生日カード係

この本へのご意見・ご感想をおよせください。

・お子さまの反応はいかがでしたか。
・作者へのメッセージなどもどうぞ

★★★ ご愛読ありがとうございます ★★★

このカードをお送りくださった方には、「こぐま社絵本案内」と、お子さまのお誕生日にあわせて、描き下ろしの《オリジナル・お誕生日カード》をお送りいたします。お書きいただいたご意見は、今後の出版に役立てていきたいと存じます。

カット・『しろくまちゃんぱんかいに』わかやまけん作　※ふりがなも必ずお書きください

この本の書名	お買上書店名

ふりがな		電話番号	
保護者の方のお名前			
ふりがな			
ご住所	〒		

お子さまのお名前	ふりがな	年齢	お誕生日（西暦で必ずご記入下さい）
		満　才	西暦20　年　月　日生
		満　才	西暦20　年　月　日生
		満　才	西暦20　年　月　日生

☆今までにこぐま社から定期的に
- ・誕生日カードが届いている　・通信物が届いている　・何も届いていない

☆この本をどこでお知りになりましたか
- ・店頭で見て　・知人の紹介で　・こぐま社からの案内で
- ・こぐま社のホームページ　・その他のホームページ（　　）
- ・書評を見て（新聞名　　）・雑誌の紹介（雑誌名　　）
- ・その他（　　）

＊ご住所変更の際は、小社までご連絡ください。継続して、お誕生日カードや絵本案内をお送りいたします。
＊ご記入いただいた個人情報は厳重に管理し、小社からのご案内や誕生日カードの発送以外の目的で使用することはありません。

いのだとばかり思っていました。ですから、そのE君の口から、触覚だの有袋動物だの光年だのといったことばがヒョイヒョイとびだすのを聞いて、はじめのうちはひどく驚かされました。

E君の知識は、自然科学の領域に限られたものではありません。先日も、E君を含めた二、三人の子どもたちに、なんでもないお話の本を読んでやっていて、「ゆきがふってきました」とわたしがいうと、すかさず「日本で降雪量のいちばん多い市は新潟だよ。気温のいちばん低いのは十勝市だけど」というようなことをいいます。万事がそういう調子なのです。

E君はその本を「どうして月がおこるのか知りたいから」といってもってきたのですが、もしそれが無生物である月になぜ怒るなどという感情があるのかという意味だったのなら、最初から月を擬人化しているこの物語では答は与えられなかったでしょうし、かといって、物語を物語としてすなおにたのしむには、かれの博識が邪魔をする(?)というわけで、わたしはE君のこんな状態を不幸だと思わずにはいられませんでした。

『おこった月』*という絵本を見つけて、「これ読んで」とわたしのところへもってきたときもそうでした。それは、アメリカ先住民の昔話なのですが、わたしが物語を読みすすむあいだ、E君は、月と地球の距離だの、月の表面の状態だの、成分だのと、月に関するかれの知識を次から次へと披露しつづけました。一方では物語に心ひかれつつも、ありすぎる知識と、それを誇示したい要求に足をひっぱられて、すっぽりと物語の世界にはいりこめないでいるという感じでした。

E君ほどではないにしても、今の子どもは、総じてよくものを知っています。それも、いわゆる科学的知識を身につけるのが、驚くほど早いようです。テレビなどのおかげで、別にとりたてて努力をしなくても、その種の情報がふんだんに得られるということかもしれません。しかし、小さいときから、たくさんのことを知っているというのは、それほどいいことでしょうか。

この間、アメリカのある精神分析医――この人は情緒障害児の治療に当たっている人らしいのですが――の書いた「昔話のすすめ」とでもいうべき論文[1]を読んでいたら、おもしろいことが書いてありました。大人は、昔話の中の魔法や、超自然的な要素を「うそ」だと見なし、科学的に正しい説明をしてやれば、子どもに物事をはっきりさせてやったと思うかもしれないが、そうした説明が意味をなすためには、子どもの側にある程度の抽象能力がなければならない。それがなければ、科学的な説明は、かえって子どもを混乱させるというのです。

この人は、幼い子どもにとっては、地球が宇宙空間に浮かんでいるというよりは、神話にあるように、大きなカメの背にのっているとか、巨人が肩で支えているという説明のほうが、ずっと満足がいくのだといっています。なぜなら、それだと、実生活で子どもが経験している事実、すなわち、ものは何かの上にのせるか、支えるかしないと落ちるという事実に照らして納得できるからです。

もちろん教えれば、子どもは、引力だの、地球の自転だの公転だのというようになるだろうが、それはオウムのようにいわれたことをくりかえすだけだ。十分に知的に成熟していないうちから、子ども自身が見聞きし、知っている事実を裏切るような説明を信じるように強いられると、子どもは、いつしか自分の経験、自分の心の働きに不信を抱くようになる、とこの先生はいいます。

わたしが思うに、幼い子に科学的知識を押しつけることのいまひとつの弊害は、ただ月から地球までは何キロメートルあるとか、月は何でできているといった事実だけの知識は、知ってしまえばそれでおしまいで、それ以上の発展も拡がりもないことではないでしょうか。月を擬人化した物語なら、いくつも考えられますし、物語は、ひとつしかない事実を求めるのとは違いますから、ある物語をとれば、別の物語は捨てなければならぬといった制約はありません。もともとが想像力の産物である物語は、それを読んだり聞いたりする子どもにも、想像の世界の中で、心を自由に解き放つようにさそうでしょう。

しかし、ただ知っているというだけの知識は、子どもの心を動かすことはないように思います。とくに、自分とはまるっきり関係なく、個々の事実だけをおぼえこむという形で身につける知識には、なんの喜びもないのがふつうです。もの知りなのを自慢するか、まわりの大人に感心されて味わう満足以外には。

日常生活の中で実益があるわけでもありません。天文学の知識を応用して何かをするなどという機会は、めったにないでしょうから。それでいて、E君の例のように、「お話をたのしむのをさまたげる」という実害があります。

E君の場合は、まだお話の本も読んでもらいたがりますし、たのしみもしますけれど、わずかの科学的知識をふりかざして、空想的な物語を頭からうそと決めつける子。ふしぎなことをふしぎとも思わない子。なんでも「そんなこと知ってる」と片づける子。新しいことに出会っても驚かない子（「ああ、○○だろ。テレビで見たよ」）。はては、新しいことを知りたいとも思わない子、等々がいたとしたら、それは大問題です。

ものを知りたいという意欲、知ることの驚きや喜び、知らないものに対する畏れは、人間を成長させる力の中心なのですから、ものを知りすぎて、こうした心の働きが弱くなっている子は、成長への道が閉ざされているようなものです。

あるロシアの昔話の中で、おそろしい魔女のいうことばに「人間、ものをたくさん知れば知るほど、早く年をとるものじゃ」というのがありますが、その通りです。

わたしは、子どもに本を読ませることを仕事にしている者ですが、それは、子どもが知りたいと強く願ったときに本が答え、子どもがふしぎを感じるときに、本がさらにその奥行きを深くしてくれると信じるからで、何がなんでも本さえ読めばいいというのではありません。もし、本が、子どもの中に「なんでも知ってるよ」といった態度を育てるほうに加担しているとしたら、むしろ本は読まないでほしいと思うくらいです。

わたしが今いちばん心配しているのは、社会のさまざまな動きが作用して、子どもの心から、子どもが本来もっているはずの、いきいきした生命力を失わせようとしているのではないかということです。このような状況の中では、絵本や本との結びつきを考える上でも、そこだけを見ないで、子どもが全体として、そうしたいきいきした力を失わずに育つためには、絵本や本が子どもにどうかかわったらいいかということから考えていかなければならないと思います。また、いきいきしていないと、絵本や本と、ほんとうにかかわりをもつことはできないともいえます。

みなさんのお子さんは、いきいきしているでしょうか。驚いたり、ふしぎがったりしているでしょうか。自分で動き、さわり、遊び、つくり、じっと見、じっと聞くことをしているでしょうか。心はテレビに預けっ放しの、ただのもの知りになっていないでしょうか。字だの絵本だのという前に、まず確かめておきたいのです。子どもたちは絵本を読むには年をとりすぎてはいないでしょうか、と。

文字以前のこと

わたしたちの図書室では、会員になるときちょっとした入会式をします。子どもたちは約束のことば——本を大切にして決められた日までに返すという——を声を出して読み、その約束のしるしに、会員簿に署名します。名前の書けない子は、なんでもよい、自分のしるしをつければいいことになっています。

先日、五つになるC君が入会の手続きをしましたが、名前がまだ書けず、そのかわり、小さな丸印をひとつ記しました。これを見ていた一年生のM君が、「へえッ、字、書けないの」と、いかにも軽蔑したような口をききましたので、係のおねえさんが、すぐさま、三年前、M君が入会したときのノートを持ち出してきました。そこには、M君の名前はなく、もっともらしく書かれた棒や点が並んでいました。動かぬ証拠をつきつけられては、M君とて、これ以上、ひとを馬鹿にするわけにはいきません。自分に字の書けない時期があったなどと信じられない様子で、神妙にだまってしまったM君を見て、おねえさんたちは、そっと微笑をかわしあいました。

でも考えてみると、最近は、名前の書けない子がへってきました。とても字は書けないだろうところが思う年齢の子でも、ちゃんと書きます。中には「漢字？　ひらがな？」ときく子までいて驚かされます。C君のような例は、だからこのごろではめずらしく、そういう子が、まっすぐにこちらの目を見て話をし、並んでいる本にも子どもらしい好奇心を示すのを見ると、わたしなぞは、むしろその子を尊敬する気持になります。そして、この情報過剰、早熟促進の風潮いちじるしい世の中で、この年まで、子どもを文字から守って（？）いらしたご両親にも尊敬の念を抱きます。

というのは、これは理屈でもなんでもなく、ただ漠然としたわたしの感じですが、わたしは、人間は、文字を自分のものにするとき、それとひきかえに、何か大事な別な能力を失うのではないかと思うからです。古代の長大な叙事詩を幾世代にもわたって正確に語りついできた人々、仏教が生まれた当初、多くの経典を口ずから伝えた人々、この人々には、むしろ今のわれわれから見ると超能力としか思えないような力があったのではないかという気がします。

もっと身近にも、田舎のお年寄りなどで、字は読めなくても、いつ、だれに、どんなことが起こったかを驚くほど克明に記憶している例は数多くあります。そして、それは単なる記憶力ということではなく、もっと別な能力、いってみれば、自分という人間に、経験を刻みつける力のような気がしてなりません。こういう人たちが、何十年も前のことを、まるで今見ているように生き生きと話すのを聞くと、過去がまるでウヤムヤにくずれて消えているような自分と違い、その人たちにとっては、時が、うんと手応《てごた》えのある確かな流れとしてとらえられているのだろうという気がしてきます。人間は、文字を識《し》ることによって、人類全体としては、飛躍的に知識をふやしたものの、ひとりひとりとしては、ある種の能力を失う結果になっているのではないでしょうか。

文字とひきかえに失うのは、そうした特殊な能力や感覚だけではありません。何事によらず、わからないことにはおそれがついてまわるものですが、文字の読めない子は、本や絵本に対しても、あるおそれ——恐怖ではなく、不思議さ、あるいは漠とした尊敬の念——を抱いているのではないでしょうか。大人が本を読んでいるのも不思議でしょうし、白いページの上に黒いものが並んでいるのを、大人が「読ん」でくれると、たちまち絵の中の動物たちが会話をはじめたり、うたをうたったりしはじめるのも不思議でしょう。

このごろたまにある文字のない絵本なども子どもは「読んで、読んで」とせがみますが、それは、その子にとって「読ん」でもらうことによって、はじめて物語が動きはじめるからではないでしょうか。この年ごろの子どもにとっては、ことばは——ましてや文字は——一種魔法のようなものなのではないかと思います。

ところが、文字を識ってしまいますと、その不思議の感じは失われます。もちろん、人は、いずれは文字を学び、文字に対してもおそれは抱かなくなってしまうものですが、問題は、その時期でしょう。

あまりにも早く——というのは、文字に対する好奇心やあこがれ（?）を抱くより以前に文字を教わると、そのことで知的な視野が急に開けていくような喜びはないでしょうし、学ぶ喜びがないことは、他のことを学ぶ態度にも、悪い影響を与えるのではないでしょうか。子どもにとっては、学ぶことが仕事である時期がかなり長いのですから、このことは、大きな損失だといえます。

また、幼い子は、文字をおぼえたからといって、実質的な益を得ることもありません。その前に、ことばを使って生活する基礎——人のいうことが理解でき、自分の要求や気持をことばで表現でき、また、ことばだけである程度ものごとが考えられたり、想像できたりといったこと——ができていないと、新しく獲得した文字が、飛躍的に子どもの世界を拡げたり、豊かにしたりすることはあり得ないからです。

しかも、早く（二つや三つで）文字を教えようとすれば、必然的に「あ」という形は、「ア」という音と結びついているということだけを教えることになってしまいます。大人は、これだけをさして「読める」といいますが、文字を発音することができることから、本が読めることへは、かなりの道のりがあるのです。大ざっぱに考えても、まず書かれていることがらを理解すること、その情景を心に思い描くこと、それをそれまでに起こったことと関連づけてとらえ、これからの予想へとつなげていくこと。そうしたことが全部できなければ、読むとはいえないし、文字の知識は、読むことができて、はじめてその人の力になるのではないでしょうか。

わたしは教育の専門家ではありませんし、子どもに文字を教えることについて経験があるわけでもありません。しかし、読書という面から子どもを見ていて、絵本期の子どもが文字を学ぶのがそれほどいいこととは思えません。ふりがなさえふってあればどんな本でも読めると思っている子に出会ったりすると、むしろ文字を知っていることの害さえ感じます。ですから、先日ある本の中に次のような個所を見つけたときには、思わず「その通り！」と叫びたい気がしたのです。文字をいつから教えはじめればよいかについてですが……。

子どもが音の性質や意味の関連を体験できるようになるまでには、ある年数の内的成長が必要である。その成熟を待たずに文字というものを教えこむと、その読み書き能力はただのテクニックになってしまうおそれがある。その種の早教育でなされている「学習」というプロセスは、たんに記号と音とを反射的にくみあわせることでしかない。子どもは、しだいに、内的な理解なしにこのくみあわせ作業を習得することになる。そういう習性は子どもの思考・情操面での成長をさまたげるから、けっして近視眼的な早教育を行なってはならない。

文字を教えてよい前提となる成長段階、それは子どもが目の前に存在しない事物についても記憶とイメージをもって理解することができ、自分の心の動きがとらえられ、自分の意志を状況に応じて実行にうつすことができるときであり、これがだいたい満七歳前後になる。

これは、あるひとつの教育理念に基いて独特の学校教育を展開している、ルドルフ・シュタイナー学校の、読み書き教育に関する基本的な考え方のひとつで、ドイツを中心にヨーロッパの各地に広まりつつあるシュタイナー学校のひとつに娘さんを学ばせた、子安美知子さんの記録(2)の中に出て来たものです。

ここでいう文字を教えてよい前提となる成長段階は、そのまま読書（活字になったものから意味を読みとる行為）の前提だと思います。ことを読書に限っても、学齢前の子どもには、字を学ぶより先にしなければならないもっと大切なことがあるように思います。

◆ 心をこめて本を読んでやること ◆

先だっての土曜の午後、いつもはおねえちゃんにつれられて来るY子ちゃんが、いとこのM夫ちゃんと、お揃いの帽子をかぶってうれしそうに図書室にやってきました。ふたりは同い年。それもどうにか片手の指の中三本をつき出してそれが示せる年です。なにしろわたしが三歳にはとても無理と思われる本のことを「もっと大きくなってから読みましょうね」というと、こっくりうなずいて「うん、おうち帰って、ごはん食べてからね」というような子なのです。

幼い子は、わたしたちの図書室では大歓迎なので、わたしはこの日、ふたりを相手に何冊かの絵本を読んで、たいへんたのしい時を過ごしました。このときいちばん成功した（というのは、この子たちにとって意味のある経験になったらしい）絵本は『おさるとぼうしうり』*でした。これは、木の下で昼寝をしている間に、さるたちに帽子をとられた男が、こぶしをふりあげるやら足を踏みならすやらして返せと迫るが、木の上のさるたちは男の動作を真似るだけ。頭に来た男が思わず自分の帽子をとって地面にたたきつけると、さるたちもすかさず同じことをし、おかげで売り物の帽子は無事もどるという話です。

これよりずっと短く、お話も簡単で、一見赤ちゃんぽく見える絵本より、これがこの子たちにいちばん喜ばれたのは、あとで考えたことですが、この本にはその場で具体的にやってみることのできないことが出てこない、いいかえれば、記憶（経験）や想像力に頼らなければ理解できない部分がほとんどないということだと思います。

実際、男がいくつもの帽子を重ねて頭にのせるところでは、M夫ちゃんはすばやく自分の帽子をY子ちゃんのそれの上にのせてみせました。男がなくなった帽子をさがすところでは、本に書いてある通り、ふたりとも前後左右を見まわしました。男が怒鳴りはじめると、ふたりは揃っていすの上に立ち、「こう？」「こう？」と一々わたしに確かめながら、片手をあげたり、ドンと足を踏みならしたりしました。そして、続けてこんどは「ツーツー」とさるたちが真似てする動作をくりかえし、結局物語をしまいまで体でやってみせ、大いに満足した様子でした。

もちろん、ふたりは、この段階ではこの話の面白さはわかっていないでしょう。しかし、四角い薄っぺらな紙の集まりである絵本というものの中には、実はこういうこと（男が怒鳴ったり、さるがこれを真似たり）が起こっているのだということを身をもって（！）知り、確かめたという意味で、この日のこの子たちとこの絵本の出会いはたいへん大事なものだったろうと思うのです。

幼い子の場合、こういう出会いは、そばにいるおとながつくってやらなければいけません。なぜなら、ただ物体としての本がそこにあるというだけでは、幼い子は、その中に含まれている物語や絵の意味を自分で発見することはなかなかできないからです。その発見を助けてやるのが、本と子どもの仲だちをするおとなの役割であり、それが「読んでやる」ということのいちばん基本的な意義でしょう。

乾燥した、あるいは冷凍した食品を、いきなり子どもの口に押しこむ親はいないでしょう。もどして、調理して与えます。本も、それを記号（文字）に形を変えて貯えられた人間の経験というふうに考えるなら、幼い子には、それをもどして（ことば＝声に変えて）、調理して（その意味や感じがよくわかるように声に調子をつけて読んで）与えるのが当然といえます。

Y子ちゃんくらいの年齢では、まだことばとそれが表わしている内容（もの、こと、動き、感情、性質など）との結びつきは、それほど確かではありません。内容からことばを引き出すのはまだしも、ことばから目の前にはない内容を思い浮かべるのは、なかなかできることではありません。このような状態のときに文字をおぼえると、それは前回で述べたように、ただ記号と音を機械的に結びつけたというだけになってしまいます。

そんな子に「さあもうあなたは字が読めるんだから」と本を押しつけるのは、いってみればかんぴょうや冷凍エビをそのましゃぶらせるようなものです。なるほど子どもは読む（発音する）かもしれません。でも、そのとき心の舌で味わっているのは、おいしさ（物語のおもしろさ）ではなく、ただかたい、乾いた、あるいは冷たい感じ（あまり内容のない音の羅列）だけかもしれません。これでは読書がたのしくなるはずはないし、本から心の刺激や喜びを得ることにもならないでしょう。このごろ年齢にふさわしくない内容の本を、ただ字が多いのがいいと借りていったり、読んだ本のことをケロッと忘れていたりする子が目につくのは、こうした字面を追うだけの読み方をしている子がふえたということなのかもしれません。

幼い子にとっては、字を読むことばかりか絵を読むことも訓練してはじめてできることなのです。『おさるとぼうしうり』で、カッとして帽子を投げつける寸前の男の眉間にしわが寄っていますが、わたしはふたりにここを読んでやるとき、そのしわを指で示し、それから自分も額にしわを寄せて怒った顔をして見せました。そのずっとあと、わたしがもっと年齢の高い子に同じ本を読んでやっていてその個所へ来たときです。「腹が立って腹が立って……」と読むわたしの声を聞いて、へやの向こうにいたY子ちゃんが走って来ました。そして、そのまんまるな顔をしかめ、眉間というよりは鼻にしわを寄せて「こうでしょう?」というようにわたしを見上げるのです。わたしは思わず笑ってしまいましたが、Y子ちゃんは、こうやって「腹が立つ」ということばや、眉間のしわが怒りや不快を表わしていることなどを、くりかえし確かめつつ自分のものにしていくのだなと思ったのでした。

具体的に目に見える絵と違って、ことばの場合には、もっと訓練が必要です。「エエ、イソコノサ、ルーオー、レノ、ボ、ウシ、ヲカ、エサン、カ」では、字が音にかわっただけです。これを「ええいッ、そこのさる! おれの帽子を返さんかッ!」と受けとめ、このことばの奥に、帽子売りの腹立ちを感じ、さらには、カンカンになっている彼と、木の上で無心に(?)その真似をするさるたちとの対照的な様子を面白いと思って、はじめてこの絵本のことばの読みとりができたことになるのです。そのことを子どもにわからせてやるには、読みとりのできているおとなが声に出して読んでやる以外にないのです。

おとなに読んでもらうと、子どもは字を拾う作業から解放された分だけ、読書という行為のより本質的な部分、すなわち与えられたことばを使って、自分の中にあるイメージをつくりあげて、心の中でひとつの経験をすることにはいることができます。読み手であるおとながことばの奥に見ている世界を、その声を通して、子どもも垣間見ることができるのです。そして、いつのまにか子ども自身がもっていることばとその奥にある内容との結びつきを強め、自分でも、ことばを通して目には見えない世界をつくりあげるようになるのです。

そのような力を子どもの中に養うためには、くりかえし、くりかえし読んでやるしかありません。そして、そのことは、子どもにとっては、またなんとふしぎでうれしい経験でしょう。おかあさんの手にかかると、本の中で眠っているように見えた主人公が起き上がって動きだすのです。ひものように見えたかんぴょうや石のように見えた氷づけのエビが、おいしいちらしずしに変わるように。子どもがことばをただのことばとして聞きかじる機会が多く、ことばの背後に豊かでしっかりした内容を思い浮かべることが少なくなっている今日では、おとながいきいきと、心をこめて本を読んでやることの意義は、いちだんと強まっていると思います。

考えること、あれこれ

ここには、本を選ぶこと、お話を語ること、子どものことばを育てること、などについて、折りにふれて感じたこと、考えたことを率直に記してみました。

単純かつ素朴に……

　こんなことは、考えてみれば、ごく当たり前のことなのだけれど、わたしは、子どもの本を読むとき、できるだけ当たり前に読もうと心がけている。そして、はじめに、心が「こうだ！」と告げたことのほうを、のちに頭が「こうではあるまいか」とささやきかけることより、大事にしようときめている。それに、もし、もっとたくさんの人が、このように単純かつ素朴に本を読み、心の告げるところに正直に従えば、本の評価について、もっとまともな、共通な線が出てくるのではあるまいかと、ひそかに考えているのである。

　もちろん、人には、それぞれの好みがあり、本の読みかたがあるのだから、一冊の本について、違った感想がもたれ、異なった評価がくだされるということ自体には驚かないのだが、ときに、あまりにもわたしの感想からはかけはなれた書評を見たりすると、「ああ、なるほど、こういう見かたもあるのだなあ」と思うよりさきに、「この人、ほんとにこう感じたのかしらん？」と、ふしぎに思えてくることがある。ひとさまが、そう感じていらっしゃるものを、そうではないでしょうと、こちらからきめつけるわけにはいかないが、それにしても、その感じというのが、心が告げたというよりは、頭が命じてつくったものではないかという気がしてならないのである。たとえば、こういうことはないだろうか。

一冊の子どもの本を読む。

てんでおもしろくない（と、心が告げる）。

ところが、後日、その本の書評や解説を読むと、どうだろう。その本は、実は、人間疎外とか、機械文明下における人間の自由の問題とかの深遠なるテーマをもち、一見たあいのないストーリーのなかに、作者の〝現代文明に対する痛烈な批判〟や〝人間性についての深い洞察〟が盛られているのだと教えられる。さあ、たいへん。これは、うかつだった。自分の読みが浅かった。

そこで、ふたたび件《くだん》の書をひもとき、注意深く読みすすむと、懇切な解説のあとでは、なるほどそうもあろうかという気がしてくる……。

そこで、では、はじめに読んだとき、どうしてそれが自分には伝わらなかったのかという点を、よくよく考えればよいのだけれど、書評氏や解説氏が、尊敬すべき先生だったりすると、わたしたちは、すぐ、そこまで読みとれなかったのは、自分が単純だったからだ、ああ、恥かしい、と思ったりして、むりにも、先生のお説に、自分を従わせようとしてしまう。

そういう経験をくりかえしていると、頭の中に、深く読みとろうとするメカニズムができてしまい、それが発達するにつれて、単純かつ素朴な読みかた——子どもがいつもしているような——が、だんだんできなくなっていく……。ある人々、たとえば、『ちびくろさんぼ』に、人種問題を感じるような人の内部では、あるいは、こういうことが起こっているのではないかと、わたしは推察するのである。

本を評価するとき、わたしたちは、判断の根を、もっと自分の感性に深くおろさなくてはいけないと思う。心の自然な働きでついていけないところまで、読みを深くしてはいけないと思う。感じかたの相違ということは、今では、あたかも「論議打切り」を宣言するときの切り札のようにいわれているけれども、わたしたちが、もっと、本来の心からはなれないところで、もっと単純で素朴なレベルで、ものをいったり、したりすれば、わたしたちの感じかたには、もっと共通の世界があるのではないか。本の評価に際しても、わたしたちの感性のものさしが、もっと普遍的なものとして、安心して使えるものになるのではないか。そういう気が、しきりとするのである。

評価に歴史のものさしを

大学紛争に代表される今の世の中の動きを見ていると、現代は、われわれが安易に奉じてきた価値観が、根底から問いなおされている時代だという気がする。若い人たちのやり方は、度を越して激しすぎるかもしれないが、問いかけがなされること自体は、よいことだと思う。なんといっても、偽善や、惰性による生活、権力への追従などに、いちばん敏感なのは若い人たちなのだし、われわれの価値観は、こうした若い世代からの問いかけを含めて、時代や社会からの問いかけを、くりかえし受けなければ、すぐに形骸《けいがい》と化してしまうからである。しかし、若い人たちの中に、ただただ既存の価値観をすべてたたきつぶしてさえしまえばそれでいいのだと考えている人がいるらしいのはどうか。

なるほど、深く考えることもせず唯々《いい》としてそれに従うことの怠慢は責められてもしかたないかもしれないが、社会制度や慣習であれ、倫理観や信仰であれ、今日まで、多くの人が、それによって生き、そこに価値を認めてきたことがらの背後には、それを必要とした人間の生活、それを生みだした知恵、意志、努力の、長い時間にわたる堆積があると思う。どの時代も、どの社会も、やはりそこに生きる人たちにとっては、困難の多いものだったにちがいないと思うのだが、その中で、それなりに真剣に生きた、多くの有名無名の人たちの「この世の中をよくしよう、生きやすくしよう」という努力があとから来る者に、どれほど大きな恩恵を与えたか。

人間の生活を推し進めてきた、そうした意志、知恵、工夫、努力の総合は、一口でいえば歴史ということだと思うが、この歴史に学ぶということがなければ、いくら既存の価値観を否定してみたところで、そこから何も生まれてはこない。どういう価値観（生き方）を選ぶにせよ、少なくとも、自分の生活に意味をもたせたいと願うなら、歴史に学ぶところがなければならない。

子どもの本の世界についても、同じことがいえる。現在は、かつてないほど多くの子どもの本が出版されていて、「選ぶのに困る」ともらす人が少なくない。ということは、選択を可能にするだけ種類が揃うようになったということで、たいへん結構なことといえばいえるのだが、しかし、たとえば、大きな書店の児童書売場の前に立って受ける感じは、豊かというよりは氾濫に近い。いくら点数、冊数が多くても、それぞれが個性的で、質的に目ざしている方向があれば豊かという感じがするのだろうが、ノンフィクションといえばノンフィクション、昔話といえば昔話、外国の最近の児童文学作品の翻訳といえば翻訳というように、一つのものが受けたとなると、先を争って同じようなものがあふれ出す有様を見ていると、出版社の無定見、無節操をあからさまに見るようで、いやな気がする。

それに、以前は、内容のお粗末な本は、装丁もお粗末ときまっていて、一見してそれとわかったものだが、このごろは、内容に不釣合いな、豪華、堅牢《けんろう》な装丁の本が多くて、始末に悪い。しかも、もっと悪いことに、そういう本が、どんどん売れているらしい。

子どもの本の出版が、企業として成り立つのはおそろしいことだといったのは、アメリカ児童図書館の大先達、アン・キャロル・ムーアだったと思うが、今日の児童出版の状況を見ていると、そのことが切々と身にしみて感じられる。そして、それだけに、本を選ぶことの重要さが、さし迫って感じられるのだが、そこでつきあたるのが、子どもの本の評価の問題である。

残念ながら、日本では、まだ子どもの本の評価の基準が確立していない。もちろん、それは、簡単にできることではないし、文学作品に限っていえば、本来が人の感性に訴えるものだから、一つの作品が、すべての人によって同じように評価されるというわけにはいかないことはわかる。しかし、だからといって、でたらめな、てんでんばらばらな評価がされてもいいということではないはずだ。立場が違い、考え方が違い、好みが違うものでも、文学なら文学をはかる共通のものさしがあるはずで、それをさぐりだし、それを使うことをしていかないと、日本の子どもの本の世界は、出版業の繁栄につれて混乱の度をますばかりである。

そして、そのものさしは、やはり、はじめにいった歴史に求めなければならないとわたしは思う。意識的に子どものために書かれた作品に限って考えれば短いが、わらべうたや昔話を含めて考えると、児童文学にも、かなりの歴史があり、それを具体化した古典がある。本の評価は、少なくとも、そこで明らかになっていることの上に立ってなされなければならないはずだ。

多くの昔話集の中で、グリム兄弟の手になるそれが、ひときわ抜きん出て広く読まれ、多くの海賊物語の中で『宝島』*が他の追随を許さぬ強い印象を与えてきたことは、作品はテーマや題材によらず、それがいかに書かれているかによって評価されなければならないことを教えてくれているし、社会問題に対するおとなの関心によって書かれた多くの作品が、短期間にその生命を失ったことは、いくら書く人の態度が真剣で、善意にあふれていても、それだけでは、子どもの文学作品になり得ないことを教えてくれている。にもかかわらず、いまだに「構成や表現に難点はあるが、今日的なテーマを扱っている点に価値がある……」とか「ぜひ、子どもたちにも、これを読んで〇〇の問題について考えてもらいたい……」などといったたぐいの批評、書評がまかり通るのはどういうことか。この種の発言は、不真面目なものでないだけに、世の母親や、未経験な児童図書館員、家庭文庫の世話人などを、たいへん迷わせる。

子どもの本の氾濫、評価の基準の不確立は、それ自体が、われわれ一人一人のもっている価値観——子どもの本の評価のための——に対する、大きな問いかけといえる。それにこたえて、自分の判断の基準を明確にするには、やはり歴史に学ぶこと、そこに共通のものさしを求めること以外にはないと思う。

すべての子どもに

子どもの読書に関する集まりなどで、「すべての子どもを本好きな子に育てよう」とか、「すべての子どもに読書の習慣を！」などというスローガンを聞くことがある。

たいへんいいことで、わたしも、そう願うことにかけては、人後に落ちないつもりではあるけれど、この〝すべて〟ということを、あまり強制し、まるで、本を読まない子がいることは、その教育、指導に当たっている者の怠慢であるかのような言い草を耳にしたり、「うちの子は、本を読まないんです」と、痛恨きわまりない顔つきで訴えるおかあさんを見たりすると、どうも妙な気分になってしまう。

いったい子どもは、それほどまでして、本を読まなければ――あるいは、読ませなければ――いけないものだろうか。子どもの中にだって、性質上、あるいは能力的、時期的に、本を読みたがらぬ子、読めない子、本以外のものにより大きな喜びを感じる子というのはいるはずで、なにも、そういう子どもたちまで、本を読ませられることはないと思うのだがどうだろうか。

それは、もちろん、本を読むことは大事だ。これからは、おそらく、ますます大事になるだろう。人間が自然を相手にして暮らし、手でものを作っていた時代には、自然や仕事が、いやおうなしに人間を鍛えてくれた。これからの世の中では、ごく限られた職業につく人をのぞいて、それはのぞめない。しかも、人々が、鍛えられた精神といおうか、それによってたつところのものを、自分のうちにもつことは、ますます肝要なことになるだろう。そして、それを可能にする手段として、読書が、今まで以上に必要とされると思う。

だから、子どもの時代に、本への道をつけておくことがどんなに大事かは、人にいわれるまでもなく承知しているのだが、それでも、すべての子どもに読ませようとか、この一冊を読まずば子どもにあらじ式の本のすすめかたに出会うと、かえって、子どもの〝本を読まないでいる権利〟を守りたくなってしまうのは、どういうわけだろう。

名作のダイジェストや、書きなおしの口実として、よく聞かされる議論に、もとの形では、長すぎたり、むずかしすぎたりして、どうしても読めない人がいるのだから、これは、そういう人たちのためのものなのだ、というのがある。書きなおされたものは、その瞬間から名作でなくなるということや、そのようなえせ名作を読むことにいかほどのよさがあるのかということは、ここではさておくとして、わたしがおそれるのは、本を読みたくない子、読めない子、読むところまでいっていない子までひっくるめて、すべての子に本を読ませようとすると、この名作書きなおしを正当化する議論と同じ議論が、幅をきかすことになりかねないということである。

全部の子どもが、感覚がすぐれているわけではないのだから、全部の子どもが、それほどよく読めるわけではないのだから、多少質は落ちる本でも、それを読む子がいる限り、それは図書館に備えるべきだ、マンガでもダイジェストでも、読まないよりは読んだほうがいい、等々。どうもうまくはいえないが、こうなってくると、本を読むということの意味が、どこかで別のものとすりかえられてしまっているという気がするのである。そしてそのすりかえを促進するのが、すべての人、すべての子どもという博愛主義（！）なのではあるまいか。

ある本は、元来、限られた少数の読者のためのものである。たとえ、本を読む人であっても、ある種の本には、一生無縁で終わることもある。それは、不公平でも、不平等でも、なんでもありはしない。そういうところで、博愛主義をふりかざすと、事柄の本質が妙にゆがんできたり、ありがためいわくをこうむる人がでてきたりする。本を読まない子がいたって、いいではないか――その子が、ほかで自分をのばすすべを知っていたら。

「お話のことば」

先だって、ある地方の幼稚園の先生方の研修会に参加したとき、プログラムのひとつに公開保育というのがあって、まったく久しぶりに幼稚園の中で行なわれていることを垣間見る機会があった。そこは、自然環境に恵まれた幼稚園で、建物も諸設備も非常によく整っており、子どもたちはのびのびとして元気よく、先生方も真面目で熱心、その限りにおいては、実に気持のいい園であった。

わたしが参加したのは、言語活動に関する部会だったから、公開保育でも絵本が読まれたり、子どもたちによるお話づくりが行なわれたりした。大勢の人の目にさらされてやるのだから、担任の先生方は、さぞきゅうくつでやりにくかったろうと思うのだが、どの先生も、あらかじめ用意されていた教案（？）にのっとって、けんめいに事をすすめていらっしゃった。

そんな先生方に同情をおぼえながら、じっとクラスを見ていて、いちばんわたしが気になったのは、その日の研究テーマである絵本の選び方とか読み方とかいったことではなく、いわゆる保育（小学校でいうなら授業）で用いられることばのことであった。たとえばいもほりを題材にした絵本を読んだクラスで、子どもたち自身の経験したいもほりのことが話し合われる。

先　生「この前、みんなでおいもほりに行ったね。おいもほれた？」
子ども「ほれた」
先　生「〇〇ちゃんのは、どんな大きさだった？」
子ども「こんなの」（手で示しながら）
先　生「そう。〇〇くんは？」
子ども「うん」
先　生「どのくらいの？」
子ども「このくらい」

というふうに、やりとりされるわけだが、わたしが問題にしたいのは、ことばづかいのことではない。こうした会話全体が、先生の中にも、子どもの中にも、なんらことばを発したいという内的な要請なしに、一種きまりきった約束事のように運ばれていくことであった。

先生は、子どもにいもほりのことを聞きたいと思っているわけではない。せいぜい、次の活動への橋わたしになることばを、子どもからひき出したいと願っているくらいのことなのである。子どもたちは、子どもたちで、いもほり当日の興奮を思い出しているふうではない。ただ、お行儀よく問われたことに答えているだけだ。

わたしは、ことばが、このように生気なく、お義理で使われているのがいやであった。そして、もし、この子たちが、ほんとうに自分のほったおいもの大きさを先生に伝えたいという欲求につき動かされて話すなら、どんなことばを使うだろうと考えた。たとえ同じことばを使うにせよ、それは、まったく違ったひびきをもつに違いない。先生にしても、もし、ほんとうに子どもたちから何かを聞きだそうとしているなら、あるいは、子どもたちの〝思いあふるる〟訴えに耳を傾けているのなら、もっと違ったことば（声の調子）で話すに違いない。そうしてこそ、両者の間に、ことばによるコミュニケーションが成り立つはずであるのに――。

しかし、実際には、保育とか授業とか呼ばれている時間のあいだに、どれだけ多くの、生気のない、ただ時間を埋めるためだけにしかすぎない、うそくさいやりとりが行なわれているであろうか。そして、子どもたちは、他の種類の偽善と同じく、こうしたやりとりにも、心得て、調子を合わせている――幼稚園の年齢からすでに……。

そして、その子どもたちが、園や学校から一歩外へ出ると、そこにはそこで、また空疎なことばがあふれでいる。ラジオのおしゃべり、テレビのおしゃべり。ソノシートつき絵本まで。いったい子どもたちは、ことばを、それがにないうる正当な重みをもったものとして語られるのを聞くことがあるのだろうか？　ことばを騒音の一種と思っているのではないだろうか？

　わたしが、ながいあいだ家庭文庫をやってきた数人の仲間とともに、東京子ども図書館を設立してから三年になる。わたしたちは、自分たちの経験から、子どもを本の世界に招じいれるのにお話——語り手が物語をおぼえてしまって、本ぬきで、直接子どもに語りかけること——くらい効果のある、また心たのしい手だてはないと学んだので、設立の当初から、お話のことには力をいれてきた。

　子どもにはもちろんのこと、おとなにお話を聞かせる機会もつくっているし、語り手を志す人のための講習もしている。お話に関する小冊子も、何点か発行した。わたしたちがなぜお話をするのか、お話は子どもにとってどんなよいことがあるのかについては、その小冊子の中の一冊『お話とは』[3]でくわしくふれた。

　しかし、そこでは、いわばノーマルな状態にある子どもにとってのお話の意味を主に考えた。今日の、家庭にも、家庭の外にも、空疎な、生気のない、騒音に近いようなことばが満ちみちている状態は、アブノーマルといってよいだろう。こうした状況の中にあっては、子どもにとってのお話の意味は、なおいっそう深いものになると考えられる。つまり、「生気のあることば」を聞く機会として、である。ここでは、このことを強調したい。

　わたしたちがお話をするとき、何を話すかをいちばんの問題にするのも、ことばをすっかりおぼえるようにつとめるのも、実は、お話のことばを大切にするからである。「桃太郎」の話をする、「赤ずきん」の話がよい、というだけではない。「桃太郎」なら、どの再話の、どういうことばで語られたものをテキストにするのか、「赤ずきん」なら、だれの訳《やく》の、どういうことばで語られたものを選ぶのか、それを問題にしなくてはならない。

同じ話でも、ひとつひとつのことばが、無駄なく用いられていて、聞く者の心に、くっきりとしたイメージを描き出してくれるものと、そうでないものとがある。語られていることはまったく同じなのに、片方は思わずわたしたちの笑いをさそうのに、片方はおもしろくもなんともないという場合もある。自分の話のテキストにしようと、いくつかの話を比べてみると、ことばの違いが、わたしたちの心に生む効果をいかに違わせるかがわかって、つくづく感心することがある。

こうして、まずよいテキストを手にいれること。出来あがったものの中に、満足できるものがなければ、語りながら、自分で手を加えて、できるだけ安定したテキストにつくりあげる。そのうえで、それを、すっかりおぼえてしまうことである。この「おぼえる」は、丸暗記とは違う。機械的、盲目的な記憶ではなく、話を、本で読んだ、あるいは人から教わったものとして話すのでなく、あたかも自分のものであるかのように話すために、自分のうちにたくわえることである。

お話というと、ただあら筋を頭にいれておいて、その場で、いいかげんに話せばよいと考えている人もいるが、わたしは、それはいいこととは思わない。わたしたちが、ふだん使うことばは、それほど洗練された、力強いことばだとは思えないからである。点をつくのに、その核心をつかず、周囲をなでさすっているようなことば、肩から腕のひとふりで勢いよくすうっとひく線のようなことばではなく、指先だけで、コチョコチョ何度もなぞるようなことばを使うことがどんなに多いことか。そのうえ、だれにも、その人特有の表現上のマナリズムがある。それが、お話のことばとして、適当かどうか。

そう考えてくると、よいテキストを選んだら、そのことばが、自分の中で落ち着くまで、ていねいにおぼえることが必要だとわかるだろう。もし、そうしないなら、わたしたちは、お話と称して、また別の騒音を子どもたちの耳にいれることになりかねない。

子どもたちは、騒音は十分すぎるほど聞いている。意味もなく発せられることばにさらされすぎている。お話は、そうではなくて、ことばというものが、ひとつひとつ、イメージや、情感や、雰囲気や、感動や、快さや、力や、つまりなにかを運んで、自分たちのところへやってくるものだということを、子どもたちが体験する機会であってほしいのだ。

わたしたちの精神生活が、いかに大きくことばによっているかはいうまでもない。同じことばを使いながら、その背後に、そのことばの奥行きと広がりを感じている人と、空疎にことばを流している人とでは、その人の暮らしの質がどんなに違ってくることだろう。

無駄なく語られたことば、ひとつひとつが、になうべき重みをもって語られたことばを聞くことは、子ども自身の、そのことばに対する感覚——内容と意味の奥行きと広がり——を養うはずである。お話は、そのための大切な手だてである。

ことばが、あまりにも軽々しく浪費されている状況の中で、どこかに生気あることばを確保する意味でもお話を、ますます大事にと考えている。

耳で聞くこと

子どもたちにお話を語ること（ストーリーテリング）の勉強のため、月に何度か、違ったグループの人たちと集まって、お互いに、話を聞きあう機会がある。よく語られた話を聞くことは、それだけで十分たのしいのだが、耳で話を聞くことには、いつも何かしら発見があって、そのために、こうした機会は、わたしにとって、いっそうたのしい、また貴重なものになっている。

ある人の語る話を聞くとき、わたしたちは、もちろん、語り手についても、多くのことを発見する（話をすることは、語り手の人となりを、ほんとうにあからさまに表に出してしまうものだから）。しかし、今のわたしにおもしろくてならないのは、話そのもの、とりわけ話に用いられていることばについての発見である。そして、目で読んでいたのではわからなかったことが、声に出して語り、耳で聞くことによって、はじめてはっきりわかってくるということ自体が、わたしにとって、大きな発見であった。

耳で聞くとたちまちはっきりしてしまうことの一つは、ことばの力というか、ことばにかけられた重みである。話の運びに必要のない文や、実質的に何も語っていないことばは、耳で聞いていると、そこだけ浮き上がって聞こえるから不思議である。反対に、ものの実体に迫ったことばは、そのことばがよびおこしたイメージとともに、くっきり心に焼きついてしまう。

また、語られたことばは、そのことばが表わしている事柄の重みだけでなく、そこにこめられている作者の気持の重みというか、深さをも、非常によく伝えるものである。同じ表現、同じことばが使われていても、はっきりしたイメージをよびさますもの、ある感動をさそうものと、そうでないものとがあることは、いろいろの話を聞いているうちに、何度か経験したことである。

どうしてそうなるのか、不思議でならないのだが、おそらく、こういうことではないだろうか。つまり、目で字を追うという作業は、そこに書かれている内容を、それほど深く心にくいこませなくてもできるが、それをおぼえて話すとなると、語り手は、相当深く話の中にはいりこまなければならないということである。その場合、作者が、自分の経験や感動の重みをかけて使っていることばは、やはり語り手に働きかける力をもっているが、そうでないものは、語り手の中にはいっていけないから、従って、話をしても、ことばに、語り手の肉付けが得られないのだろうと思う。

実際、一読してたいへんおもしろい話だと思ったが、話すために練習しているうちに、だんだん味がなくなっていやになってきたということはよく聞くし、反対に、目で読んでいたときには全然気づかなかったおもしろさが、声に出してみると、ひとりでにわかってきたということもある。ほんとうにおもしろいことである。

話の内容や雰囲気と、それを表現することばや文体がぴったり合っていないものでも、耳で聞くと、すぐわかるので納得がいくし、ことばのむだなどは、おかしいほどよくわかる。語り手が、おぼえにくいところ、どうしてもうまくいえないところ、話しながら、話と自分の間にすきまがあるように感じるところなどは、よくよく検討してみると、話の展開に無理があったり、的確な表現が用いられていなかったりする場合が多い。

こういうことは、なにも特別ことばに対する感覚が鋭いとか、意識的に努力して聞くとかいうわけでなくても、耳で聞いていさえすれば、ある程度ひとりでにわかってくるものである。〝音にしてみる〟ということが、どうしてこれほど多くのことを教えてくれるのか、その秘密は、これから少しずつさぐっていきたいと思っているが、ともあれ、私の考えでは、耳のテストは、作品のよしあしを判断する上で、非常に有効な方法である。

ものが〝聞ける〟子に

わたしの仕事は、児童図書館員。児童図書館員というのは、いってみれば本と子どもの仲立ちをする役である。子どもたちに向かっては、ここにこんなおもしろい本がありますよ、ここにはあなたのこんな疑問に答えてくれる本がありますよ、本というものはいいものですよといい、おとなに対しては、子どもはこんな本が好きです、こんな本を求めています、こんな本をさしだしてやってくださいというのが仕事である。

ところで、この児童図書館員の仕事のうち子どもに本のたのしさを知らせるのにたいへん効果的な、しかもユニークな方法として「お話」がある。昔ならば、炉辺や寝床でお年寄りがしてくれただろうようなお話を、お年寄りに代わって子どもたちにしてやること、それが実は、子どもたちを本（文学）の世界にひきいれる、おそらく最上の方法なのである。

わたしも、ここ十年余り、ずっと子どもたちにお話をしつづけてきた。日本の子どもたちだけでなく、皮膚の色の違う外国の子どもたちにもお話をしてきたが、目をまるくして一心に聞きいってくれる小さな聴衆を前に、あるいはわるい魔法でイヌに姿を変えられた王子の話をし、あるいはよいおじいさんのおなかの中で美しく鳴く小鳥の話をするのは、わたしにとって、いつも大きな喜びであった。

ところが、ここ二、三年のことだが、お話を聞く子どもたちの態度が、以前と比べて変わってきたことを感じないではいられなくなった。第一、話をするわたしの目を見ないで話を聞く子がふえてきた。話に食いついてくる食いつき方が弱くなった。昔話のようにくり返しが多く、先を予想することが容易であるように仕組まれた話でさえ、予想や期待を示さず、だらっとした気分で聞いている。くすぐりやからかいには割合よく反応するが、ほんとうのおかしみには鈍感である、等々……。

なかでも、話し手の目を見ないで話を聞く子がいるのは、話をする側にとっては、こちらの人格が無視されたような気がして心おだやかでない。強制されたのならいざしらず、自分でお話を聞きたいといってはいってきて、また実際お話は聞いているのだが、話し手に向き合おうとしないのはどういうことなのか？

あれこれわたしなりに理由をさぐってみると、やはり行きつくのは、テレビ、もしくはテレビに代表されるもろもろの機械的に再生された声の氾濫ということである。テレビやラジオや、レコードや電話や、そういったものの全然存在しなかった時代、人が人の声を耳にするとき、そこには必ずその声を発した人が存在することを意味していた。声はすなわち人であり、人格であった。

そのような時代には、赤ん坊が生まれてはじめて聞く声は、おそらく母親か、あるいは母親の役をしてくれる人の声だったろう。耳が聞こえはじめ、ある声を他の声、あるいは音から区別して認識するようになるとき、最初にそれと認めるのは母親の声だったろう。その母親は、子どもにとっては、自分の生命を維持してくれ、自分に愛情をそそぎかけてくれ、つまり、自分の全存在をささえてくれる人である。その人の声をその人と分かち難いものとして認識すること、それが、子どもの声というものに対する認識の根本になったと思われる。だから、母親の声がすれば、その方へ身体を向け、手をのばし、目を動かしてその姿をさがし求めようとするのである。

母親についで、父親、兄弟、その他の家族知人と、子どもが識別することのできる声がふえていくとき、子どもはその声の主と、やはりなんらかの意味で関係をもっていく。そして、それは、相手がこちらを向けば、自分も相手に向かわなければならないという人格的な関係なのである。

それが、今はどうであろう。生まれて間もなく、まだ耳もよく聞こえないうちから、子どもの耳もとでテレビが鳴り、ラジオがしゃべっている。母親の声を声として聞きわける以前に、子どもは、機械から流れてくる人格をともなわない声にさらされてしまっている。

となると、声がするということは、子どもにとって、切実な意味をもつことにはならない。声のする方向へ目を向けても、笑顔で（ということは、つまり人間的、人格的かかわりをもって）その子に応えてくれる人がそこにいることを意味しないからである。いくらそこからやさしく語りかける声が流れてきても、黒や茶色の箱とは、子どもは関係を結ぶことができない。となると、声が聞こえてきても、そちらへ向きなおること、声の主に対して心を開くことをしなくなるのも当然ではないだろうか。

声に対して、このようにいいかげんにあしらう態度を身につけるということは、ことばに対しても同じような態度しかとれないということである。そのことが、本と子どもの結びつきを弱めることは当然考えられることで、そのような例もわたしたちの目につくようになってきている。

そこで、わたしは、このごろ折りあるごとに子どもにかかわる人たちにお願いしてまわっているのだが、どうか子どもの二十四時間を、機械から出てくる声と音で埋めないでほしい。子どもの耳を、人格のない声に無制限にさらさないでほしい。おかあさんの声が、おかあさんの声としてはっきり聞こえるだけの静かさを子どものまわりに確保しておいてほしい。子どもたちが、人の声を聞くということに、もっと新鮮な気持で対することができるように。

子どもたちは、結局、人生の最初の二十年を、ほとんど聞くことによって学びつつ過ごすのである。声の主に対して向きなおり、その人と人格的にかかわって生きるか、それともどの声も一種の雑音として聞き流すかはその子の一生にどんなに大きな差を生むことだろう。ものが〝聞ける〟子にするためにも、まずものが〝聞こえる〟静かさを幼い者のまわりに！　と、切に願わざるを得ない。

講演二つ

ここには、一九七六年七月二十二日、東洋英和女学院短期大学保育科のサマースクールにおいて、保育者と保育を学ぶ学生を対象に行った講演「ことばの世界」と、同じ年の十二月三日、国立公民館において、一般向けに行った「尾と脚と」と題する講演の記録をおさめました。なお、後者は、翌一九七七年五月二十一日に、青森県立図書館においても同じ内容で行われました。

ことばの世界

今日は、少しおかしな話から始めさせていただきます。もう十年以上も前、わたしは、大阪の図書館に勤めていましたが、勤め始めてしばらく、アパートが見つかるまでの間、叔父の家に居候をしていました。叔父の家は、南海沿線の泉大津というところにあって、当時の叔父の家は、駅前の繁華街をほんのちょっとはずれた、お店や家の建てこんだ割合にぎやかなところにありました。

その家は、長い廊下の突き当りに洗面所があって、その正面の窓は、小さな露地に面していました。その先にどんな家があったのか、どんな人がすんでいたのか、わたしはまったく知りませんでしたが、ある日、わたしがこの窓の前で手を洗っていると、突然猛烈な夫婦喧嘩が聞こえてきたのです。まあ、そのものすごいこと。そののしりあいのすさまじいこと。

実は、ま、そのとき発見したことですが、わたしは、生《なま》の夫婦喧嘩は、これが初めてだったんですね。もちろん、世の中に夫婦喧嘩というものがあることは知っていた。そして、世の中には、そのときに、ののしりあい、わめきあい、はてはつかみかかってとっくみあいをする人もあるということも知っていた。人の話にも聞いていたし、小説の中で、劇の中で、そんなシーンを読んだり、見たりもしていた。だから、夫婦喧嘩なんて、そんなもの知っていると思っていたんです。ところが、生《なま》は初めてだった。で、問題はここなんですが、わたしは、それを聞いてどうしたか、どうなったかというと、からだがふるえてきたんです。自分では、そんな風に思っていないのに、意志とはかかわりなくひとりでにからだがガクガクしてきてしまう。頭では、夫婦喧嘩なんて、そんなものが世の中にあるくらいちゃーんと知っているから、ショックを受けるはずもないのに、からだが中からふるえてきて、我ながらどうしようもない。

で、このとき、わたしは、自分の弱点をつかれた思いで、痛烈な反省をしました。つまり、自分は、わかっている、知っている、生きているつもりでいる。しかし、それは、ためされていないということですね。たかが夫婦喧嘩ひとつにしても、お前はわかっているつもり、知っているつもりだろうが、見ろ、あののしり合いを聞いただけでふるえが来るじゃないか。それで、わかっている、知っているといえるのか、と。お前は、何でも知ってると思ってるが、何ひとつ、ほんとの暮らしの中で、現実の生活の中で、ためされていないじゃないか。頭の中でそのつもりになってるだけじゃないか……。

出来事そのものは些細なことでしたが、わたしは、このことで、自分のあり方の本質的なところを衝かれた思いがして、このことは、折にふれて思い出し、一種のコンプレックスになって、のちのちまでもわたしの中に残りました。

どうも自分は頭の中だけで生きているのではないか。生《なま》の人生からよりも、本みたいなものから得たもので、いわば人工基盤のようなものをこしらえあげ、その上に自分の生活をのせているんじゃないか。何かをするときも、我を忘れて、深いところから突き上げるようにして出てくる力に動かされてするということがない。万事きれいごとのような気がする……。そして、十七や八の小娘のときならいざ知らず、年齢的に見ても、社会的に見ても、もっと成熟しているべきはずの自分に、この出来事が起こったということが、またショックでした。

しかし、それならばいったい……と、やや開きなおって考えてみますと、自分は、そういう風に育ってきたんだから仕方がない、ということもあるのですね。幸か不幸か、わたしは、夫婦喧嘩を見て育たなかった。わたしが育ったのは都市で、中産階級の家庭で、それ自体が、自然からへだてられ、人間の生々しい感情がぶつかり合うようなことのない環境です。ですから、そういう中で育った者には、当然ある限界があります。

その上、わたしは小さいときから本を読むのが好きで、いわゆる思春期以後は、そうした本をもとにして、あれこれものを考えるのが好きでした。ですから、若い人にありがちな、頭でっかちに育ってしまったのも、また無理のないことで、今さらどうしようもない。だから、自分はそういうふうに育って、そういう人間なんだということを、そのまま認めようという気持になったのです。自分が頭でっかちで、限界のある人間なのは仕方がないんだから、人工的な基盤に立っているなら立っているで、そこから生きてみようと思ったわけです。そう思ったとき、頭に浮かんだのが、それに先だつ数年前に読んだ森有正氏の本の中の一節でした。それは、『バビロンの流れのほとりにて[4]』という本で、今、わたしの手もとにあるのは、それにさらにつけ加えて『流れのほとりにて　パリの書簡』という題で、弘文堂から出たものですが、その中に、たしか「新しいことは何もない。それが真理であることを自分なりに確かめていくことのみが我々に与えられているのだ」という意味のことばがあって、それが心にひっかかっていたのです。

　こんどの機会に、久しぶりにその個所を読み返してみますと、こうなっています。

> それから僕は定義ということについて考えるようになった。そして定義（限定することDÉFINIR）だけが人間に真理を与えてくれると思うようになった。定義の実体は言葉ではない。言葉は実体の象徴にすぎない。この分解と融合との過程において、人は定義から定義へと進む。芸術家はそれを造形によって象徴しようとするだろう。思想家は文字によって。定義は次第に深くなり、広くなるだろう。そして定義の極致として、一つの宗教的なものを感ぜざるを得ない。しかし、この定義はもちろん頭で考えて下すものではない。モンテーニュは、あの「エセー」を書いて、人間と人生についての様々の定義を与えてくれたが、もしくは暗示してくれたが、あれは頭で考えるのとは凡そ別の過程によっている。人生経験そのものが、かれの中で、あの様な表現に結晶したのだ。
>
> 　またもう一つのことは、定義に関連してだが、僕達はもう新しいことは何も求めることは出来ない、凡ては千古の昔から判っている、ということである。ただそれを自ら定義することだけが求められている、ということだ。……

わたしは、自分の考えていることが、森有正氏が意味していらしたことと同じかどうかについては、自信がありません。きょうあとでお話ししようと思っていることですが、人は自分のバックグラウンドや、そのときの能力、感情、関心の在りかによって、本や、他人のことばを解釈します。自分のものさしではかり、自分のますで、本から汲みとるわけですね。ですから、それは仕方がない。わたしの解釈がまちがっていたとしても、そのときわたしがそこからこういうことを汲みとったという意味でおゆるしを願うとして申し上げますと、この「凡ては千古の昔から判っている。ただそれを自ら定義することだけが求められている」というところ。これを、わたしは、「わたしたちは（あるいは、わたしは）、ことばを先に知っている。それを生きることの中でためしていくこと、確かめていくことが求められている」というメッセージとして読みとったのです。夫婦喧嘩にしても（！）、わたしは、ことばで先に知っていた。そして、あとからそれを実生活で聞いた、ということですね。

この世にことばというものがあるために、わたしたちは、経験を先取りすることができます。本を読んだりするような人は、ことにずいぶんこの〝先取り〟をします。もともと経験の乏しい子どもは、先取りすることで大きくなるようなもので、人は、このように他人の経験を先取りして――ことばを獲得して――成長します。

この先取り状態が最も進む時期、ことばと実質との間のギャップが頂点に達するのは、二十歳前後ではないでしょうか。このころ、人間は、いちばん傲慢で、いちばん自信があり、いちばん何でも知っているように思いこんでいます。そのあと、おそらく、ことばは、数としては、もう増えない。ふえたとしてもごくわずかで、それも本質的な、中心的なことばではないでしょう。そして、生きていくということは、こうして先取りしたことばに、経験で意味、内容を与えていく過程ではないか。青年期以降の人生は、いわばことばを生活で裏打ちしていくことなのではないか。つまり、それが森氏のいう〝定義する〟ということではないかと理解して、わたしは、森氏のこれらのことばを納得したのです。

　自分のことをいろいろ考えてみましても、たとえば、わたしが「絶望」ということばを体験したのは、父の病気のときでした。幸い父はその後回復いたしましたが、たいへんひどい脳出血で、到底助からないと思われたときがありました。親なんてものは空気と同じで、いつもまわりにいるもんだと思っていたわたしにとっては、それがいなくなることもあり得るということがわかったことからして大ショックで、そして、どうしてもどうしてもこのまま死んでほしくないと、どんなにどんなに切にわたしが願っても、それは聞きいれられないのだということ。「意あれば通ず」で、ほんとうに真剣に願って、努力すれば、ものごとは必ず成就するものだという、漠とした期待、信頼を、なんということなく身につけていた自分にしてみれば、どんなに願っても、かなえられないことがあるのだとわかったときの気持――それが絶望でした。そして、その気持を味わった瞬間から、絶望ということばは、ただのことばではなく、わたしのことばになったのです。

ことばが自分のものになる、ある人のものになる道すじは、いくつもあると思います。

第一は、今申しましたような場合。あるひとつの体験を通して、瞬時にパッとわかるというわかり方。これは、何もドラマチックな体験ということには限らないと思います。だれかといっしょにいて、その人が何気なくふと見せたしぐさ、それにその人のやさしさが出ていた。その瞬間、パッと「ああ、この人はやさしいな」ということが、電撃的にわかった。と、そのとき、「やさしさ」ということばが、その人のものになるということもあると思います。行為とそれを表わすことばが、一分のすきもなくぴたっと一致したとき、人は、それを見てそのことばを自分のものにするのだと思います。

しかし、もっと緩慢な方法で、ことばがその人のものになっていくこともあります。職人さんの道具が使いこまれて、その人の手にぴったり合うものになっていくように、あることばを、しょっちゅう使う、使う必要がある生活をする、ということによって、いつのまにかその人のものになるということですね。たとえば、わたしにとっては、「本」とか「図書館」とか「子ども」とかいったことばがそうです。みなさんの場合だと、「子ども」とか「保育」とか「幼稚園」とかいうことばがそうなっているはずです。

また、あることばが、人によってぴったり使われたとき――それは、実生活でも、小説やドラマの中でもいいのですが――やはり人は、そのことばの「定義づけ」をすると思います。

中野重治氏のお書きになった『日本語実用の面』[5]という本の中に、結婚した相手を呼ぶことばについてふれたところがあって――ここは、実は「ダーリン」ということばがいやだという話なのですけれども――そこに、ある炭鉱の落盤事故のとき、中野氏がそのニュースをテレビで見ていて出会ったひとつのできごとが述べられています。坑口の様子がテレビにうつっていて、そこへ次々に遺体があがってくる。そして、一つの遺体のそばに呆然と立っている女の人がうつる。その人に、アナウンサーがマイクを突き出して「……御主人ですか……」ときくと、その人は、しばらくだまっていた。一秒か、二秒のことだけれども、とっさには答えなかった。ややあって、はっきりと「はい、つれあいです……」と答えた、というんです。

中野氏は、こう書いていらっしゃいます。

それを聞いて、私はほとんど涙ぐみそうになった。その「つれあいです……」という言葉、「つれあい」という言葉の持っている重さ、それが彼女の口から出て来た様子がわたしを刺戟したのだったろう。それは、「安全に……」という合言葉で毎日送りこんできた夫、亭主、主人、一年三百六十五日、その何年もの繰返し、そのあいだに幾度かあった事故をも切りぬけて生活をともにしてきた男にたいする女の、「御主人」というのとも「最愛の人」というのともちがった身によりそうた表現だった。

わからぬことではあるが、彼女として、彼女の「つれあい」を「御主人」という言葉でいわれたことが今までになかったのかも知れない。「御主人ですか……」と問われて、それがどんな問いだか理解するのに一秒くらいの時間が彼女に必要だったのかも知れない。決して彼女は、「御主人」ではない、「つれあい」だ、と言おうとしたのではなかった。「つれあい」は自然に出ていた。彼女は、ずっと何年も彼を「つれあい」として考え、「つれあい」として彼に対してきたのだったにちがいない。「つれあい」——彼女が意識していたかどうかはわからぬが、この単純な、いわば昔からの言葉に彼女はすべてをこめていた。それが私にもわかった。「つれあい……そうだろうとも……」というように私が受け取った。

（傍点筆者）

そして、こうした文章を読むことによって、「つれあい」ということばは、またわたしのことばになるのです。

ことばがその人のものになる道すじには、今ひとつ、意味づけ、新しい意味の発見ということもあると思います。たとえば、ここに「おはよう」ということばがあります。わたしが、このことばとひとつの〝新鮮な出会い〟をしたのは、中学のときでした。終戦後の混乱期で、わたしたちの学校は、いくつかの分校に分かれて授業をしていました。そして、夏休み、夏期講習があって、ふだんはいっしょに勉強していない他の分校の生徒と他の分校の先生から教わる機会ができました。このとき、わたしは、よその分校の先生であったN先生から英語を教わり、先生は、最初に〝Good Morning to You〟の歌を教えてくださいました。そして、その説明をなさるとき、Good Morningというのは、「よい朝」ということで、英語でいうおはようは、「あなたによい朝が来ますように！」という挨拶なのだとおっしゃったのです。

このとき、わたしはなんだかハッとして、心に感ずるところがありました。日本語のおはようと違って、英語のおはようには、相手によい朝がくるように願うという意味があるんだなと。これは、大袈裟にいえば今でいうカルチャーショック、異文化に接して感じた最初の驚きだったのですね。それで、妙にこのことが心に残りました。

Good Morningについては、それから、ずっとのちに、みなさんもご存じのミルンの『クマのプーさん』*を読んでいて、あの中に出てくるイーヨーとプーのおはようのやりとりに笑ってしまったことがあります。

プーがイーヨーに「おはよう」というと、イーヨーがプーに「プーさんかい、おはよう」といい、そのあとで「もし、おはやいならばさ。」とつけ加えるところですが、これは日本語ではこうなってしまいますが——訳者の石井桃子さんは、さぞかしご苦心なさったと思いますが——原文では、プーが"Good Morning"といい、イーヨーが"Good Morning"とこたえて、ややあってゆううつな調子で"If it is a good morning......which I doubt"と答えるとなっています。「よい朝《おはよう》」といって、「もし、よい朝ならばね……わしはそうは思わんが」といっているわけで、厭世家のイーヨーの人となりが如実に出ていて、実におもしろいところです。「はやい」といってしまうと、残念ながらこのニュアンスが出ませんね。

このくだりは、たいへん有名ですから、そして児童図書館員には共通の知識ですから、わたしがアメリカの図書館で働いていたころ、たとえば中央館で月一回ある児童図書館員の集りの日に、朝から大雪で、バスはとまる、車はスリップするで、散々な目にあって中央館にたどりつく。そしてお互い同志「おはよう！《Good Morning》」といっては、イーヨーを引いて「ああ、これがよい朝といえるならばね！」と同時に叫んで笑いあう、というようなことがよくありました。こうしたことも、わたしの「おはよう」ということばの裏に加えられる経験となったわけです。

子どもの本の中の「おはよう」についていえば、アンデルセンの「ナイチンゲール」*のお話の最後も、このことばで終わっていて、たいへんドラマチックな幕切れです。皇帝が、死の床についているとき、ナイチンゲールがやってきて、その歌の美しさに死神が退散し、皇帝はおかげで生き返ります。そして、快い目ざめを迎えますが、召使いたちは、もう皇帝が死んでしまったものと思い、だれもお側にはやって来ません。次の皇帝におべっかを使いにいく方が大事なのです。そして、皇帝がご自分で着がえをすませ、礼服を着て、金の剣を胸にあてて、小さなナイチンゲールが飛び去るのを見送ったあと、召使いたちが、死んだはずの皇帝を見にやってきます。ところが皇帝は生きていた。驚いてその場につっ立っている家来たちに向かって、皇帝は明るく、力のこもった声でいうのです、「おはよう！」と。

わたしは、このお話が好きですけれど、なかんづくこのおしまいの場面が好きです。そして、このお話によって、わたしのおはようということばの内容が、さらにひとつの奥行きを与えられた気がします。

さて、生きることが、森氏のいう「定義すること」、ことばに自分の経験で意味内容を与えることであるとするならば、わたしたちは、不断に、ことばを自分のものにする営みをつづけなければならないと思います。そして、ひとつのことばの背後に、自分の、そのことばに対する裏づけを貯えていかなければならないと思います。

そして、ある人が使うことばは、その背後にあるもの、それに呼応する経験を、その人がどれだけ貯えているかを表わすものといえます。そのことばが、その人の中に呼びおこすイメージ。ひきおこす感情。その質、その強さ、鮮明さ。反対に、その弱さ、あいまいさ。

わたしは、大勢の方たちと「お話」――子どもにする「むかしむかし、あるところに……」というお話の語り方――を勉強していますが、それを通して、同じことばを使って、まったく別の話をすることも可能だということを学びました。「旅人がひとりで道を歩いていると、雪が降ってきました……」というような場面がある。それを、ある人が語ると、ほんとに雪が降ってくるのですが、別の人がやると、全然降ってこないということがあるんですね。これは、語り手の奥にあるイメージの差です。

同じことは、文章にもあてはまると思います。あるとき、ある日本の昔話の再話をいくつか読みくらべたことがあるのですが、同じようなことばが並んでいるのに、雪が降る文と、降らない文があるのですね。それは、結局、それを書いた人が、その文章に、どれだけ自分の体重、重みをかけているか、どういうイメージをその背後に用意しているかにかかっているのだなあ、と、そのとき思いました。

読書についても同じです。書かれたものの背後に、読む者の側で、どれだけのイメージを描きうるか。どれだけのものを持ちこんで読むかということで、その人の得るものが違ってくるでしょう（ちょっとそれますが、読書における作品＝あるいは作者と読み手との関係については、外山滋比古氏の『近代読者論』(6)という本があって、たいへんおもしろく、気づかされることが多くございます）。

著者と読者は、イコールでなければならぬというわけではありません。偉大な巨人にも比すべき古典を読んでいるときのわたしたちは、もしかすると、巨人にたかった蟻みたいなものかもしれません。そういうとき、わたしたちは、うんと自分を引き伸ばして、背伸びして、届くだけのものをつかみとろうとします。実際、背伸びしなければならない作品、読むことが自分をもっと高いところへひき上げてくれるような作品でなければ、読む価値がないともいえるかもしれません。

しかし一方、読者と著者の間には、どこかに共通の地盤、共有する経験がなければなりません。これが皆無、または両者の間に非常に差があれば、読者は著者に出会うことはできないでしょう。

著者（語り手）は、ことばに托して、あることを語ります。そのことばには、著者のそのことばについてのイメージ、そのことばに盛りこんだ意味、内容があります。読者（聞き手）の側は、このことばを受けとって、そのことばについて、自分の貯えているイメージ、意味、内容から、あるものを選んで、それを理解し、たのしみます。当然のことながら、著者のもっていることばの背景にある経験と、読者のそれとが、重なり合う部分が多ければ多いほど、読者は、よく作品を理解するし、共感する（あるいは反撥する）度も強くなるでしょう。そして、そうなればなるほど読書（あるいは、お話を聞くこと）が、読者（聞き手）にとって、意味のある、またたのしい経験になるはずです。

ところで、わたしが感じているところでは、今日の子どもと本の結びつきはたいへん弱くなってきていると思います。それがどんなところに現われているかといいますと、たとえば、わたしのやっている図書室に例をとってみますと、よく中身を見もしないで本を借りていく子がいるというようなこと、特定の本に執着しないで、まんべんなく読むというようなこと、字の多い本に手を出したがる子がいるというようなことです。

昔の子どもは――というのは、たかだかわたしが仕事を始めた十数年前かそこら、つまり一九六〇年代の後半のことですが――本を借りるとき、よく選んだものでした。まだ学校へ行っていない小さな子ですら、棚の前に、ながいこと座りこんで、片っ端から一冊ずつ抜き出しては眺め、抜き出しては眺めして、それからどれにすると決めたものです。三つや四つの子が、もっともらしい顔をして、「これはだめ」「これもだめ」「これはよし」というふうにして選んでいるのを見ていて、いったい何があの確信にみちた決定の決め手になるのだろうと、おかしいような、ふしぎなような思いで、見ていたことがあります。ところが、今は、お絵かきだの、ピアノだの、スイミングクラブだのといそがしいからかもしれません。さっと来て、ろくに見もしないで、三冊棚からひっこ抜いて借りていくという風景が見られます。

まあ、そんなふうにして借りていくのだから当然といえるのでしょうが、今の子は、あまり特定の本に執着を示しません。好みの偏りがないというか、好みという心の傾きそのものがうすいというのか、まんべんなくどれでも読んで、「うん、これもおもしろかったよ。あれも、おもしろかったよ」という具合です。昔の子どもは、「これ!」としっかりだきかかえるようなお気に入りがあって、同じ本を何度も何度も借り出したり、わたしたちに読ませたりしたものですから、いつの間にかある本とその本の好きな子どもとの結びつきが、はっきりわたしの心に印象づけられていて、直ちゃんというと『ゆきむすめ』『ラチとらいおん』*、あるいは反対に『ぐりとぐら』というといさ子ちゃんというように、すぐ子どもの顔と本とがいっしょになって浮かんできます。まあ、人数がふえたということもあるし、わたしの観察がゆき届かなくなったのかもしれませんが、どうも、今の子どもについては、そういうことが少ないという気がします。

また、昔は、子どもは厚い、細い字のびっしりつまったような本は読むのをいやがるのがふつうでしたから、たとえば『木馬のぼうけん旅行』*など、外から見たときはちょっとたいへんそうだけど、読みはじめたらそんなにむつかしくはないから大丈夫よ、などといってすすめたものです。ひとわたりいろんなものを読んで、さて何かという子に、最初に岩波少年文庫のようなものをすすめるときも、ちょっとこっちが押さなければならないことがあった。その他の本でも、字はいっぱいあるようだけどそんなに読みにくくはないのよ、とか、部厚いけれども、読みはじめたらどんどん読めるからまあ読んでごらん、などとよくはげましたものです。

ところが、今は、もちろんみんながみんなというわけではありませんが、どう考えてもその子の年齢には無理だというようなものに手を出す子がいて、びっくりさせられる例も出てきました。活字に抵抗がないのはいいことなのかもしれないけれど、「漢字にふりがながついてるから読める」などといわれると、本は字だけのことではありませんから、「でもね、この本は、もうちょっとあなたが大きくなってから読んだほうが、もっとおもしろいと思うよ」といってひきとめなければならないことが出てきて、昔とはアベコベです。

そして、この子たちが、もしや読書の質によって満たされない気持を、本の厚さや、活字の多さなど、分量的なことで満たそうとしているんじゃないか——と疑いたくなるというのは、読んだ本のことを忘れる子があらわれたからです。わたくしどものところでは、ごく小規模の図書室ですから、子どもたちは、本を借りるとき、本についているポケットの中からカードを抜いて、それに自分の名前を書いて借り出します。ところが、最近になって、本を借りようとして、本を貸出しの机のところへもって来て、中のカードを抜いてから、「あれ、この本、ぼくもう読んでた！」などという子があらわれたのです。

それは、まだいい方で、「何かおもしろい本ない？」と、文庫にいるおとなに訊いて、その人から、ある本をすすめられ、話の始まりの部分を話してもらってから、いざそれを借りるときめて、名前を書こうとしたら、カードにちゃんと自分がそれを前に借りていたことを示す自筆のサインがあったなどという例も出てきました。それでも、「ああ、これ、ぼく読んだみたい」などといって、ケロッとしたものです。

こういうことに何度か出くわすと驚かなくなりますが、初めのうちは、わたしたちとしてはずいぶんショックでした。子どもというものは、おとなと違って、何をするにも集中できて——八木重吉は、「子どもになぜ惹かれるか／子どもは／善いことをするにも／悪いことをするにも一生懸命だ」とうたっています――従って、子どものときに受ける印象は鮮明で、しかも永続きするものだというのが、ふつうわたしたちが子どもについて理解しているところです。そして、たいていのおとながいうように、「子どものときに読んだ本のことは、はっきりおぼえている」ものです。本を読んで、自分が心に描いたイメージや、そのとき受けた感じはもちろんのこと、その本の手ざわりや色、さし絵、はては、それを読んだ場所の記憶、そんなものまでが深い印象を残しています。わたしも、自分がよく本を読んでいた縁側のこと、夢中で読みふけっていて、縁側にさしている日脚がどんどん変っていて、ハッと現実にもどったときの夕方の庭の感じなど、そんなことを思い出します。ですから、読んだ本のことをケロケロと忘れる――それもあまり日が経たないうちに忘れるなどということは、子どもの場合、まず考えられないことでした。

ところが、どうも今の子どもは、本を読んでも、どこかさらっと流しているようなところが見られる。肝に銘ずる、腹にこたえるということが少ないのですね。これは、お話を聞いている子の様子を見ているともっとよくわかる。昔の子だったらもっとこわがった、もっとおかしがった、もっとこっちに喰い込むようにして聞いたというようなことがいくらもあります。

それには、いくらも理由が考えられるでしょうが、きょうのテーマにしぼって考えれば、子どものことばの力が弱くなったということだといえると思うのです。さっき申し上げた意味で、子どもがことばを聞いて、その背後に思い浮かべるイメージ、意味、内容が弱いということですね。ことばを聞いても、あるいは字を読んでも、それがずーっとおなかの底まで沈んでいってそこにたまるということがなく、どこかおでこの辺でチラチラしただけで終わってしまうという感じです。

では、何故、今の子どものことばは、そのように弱くなったのでしょう？　それには、子どもをとりまくことばの環境といったことを考えてみなければならないと思います。

子どもをとりまくことばの環境についてまず気がつくのは、静けさのなさです。家庭の中で、ラジオ、テレビを長時間つけっ放しということがどんなに多いでしょう。そして、そのラジオ、テレビから流れてくることばでいちばん多い、またくりかえされることでいちばん特徴的に印象に残るのは、コマーシャルとか、ディスク・ジョッキーというのでしょうか、饒舌スタイルとでもいいたいような、軽い、多分に茶化したり、ふざけたりといったおしゃべりです。

そして、このごろでは、家を一歩外へ出ても、駅や車内では過剰アナウンス、タクシーに乗ればカーラジオです。だいたい日本の公共施設では案内過剰で、しかも音量が非常に大きい。これでは騒音地獄だということをいう人もいますが、わたしも新幹線のある駅で、長々しい乗り換え案内のあと、「当駅で下車の方は、出口におすすみください」というアナウンスを聞いて笑ってしまったことがあります。

百貨店や、食堂にはいれば、これまた種々の案内にバックグラウンドミュージック。人と話したいことがあるとき、音楽のない喫茶店を探すのは一苦労ということがあります。どこへいっても、ことば、でなければ音楽（！）、でなければ雑音が聞こえています。音のない状態、音＝ことばが聞こえる前の静けさがないのです。

そして、この全体的騒々しさの中で、個人的に、子どもにどんなことばが話しかけられているのかということを考えてみますと、たとえば、ある調査によると、家庭で、お母さんが子どもにいうことばの中で、いちばんよく使われるのは「はやく」ということばと「だめじゃないの」だということを聞きました。

それでは、学校や幼稚園ではどうかというと、これもまたあまりいい状態とはいえないようです。あるところで、公開保育というのを見たことがありますが、まあ、公開ということで多少こしらえもの、見世物的になってしまうのはやむを得ないとしても、先生と子どものやりとりに緊張がなく、お互いにそれをいいたくていっているのではない、内的な要請を全然感じないまま、だらだらと話しているといった例を見ました。学校では、やりたいことだけをやるわけにはいかない、つまり一定のことは教えなければならないのですから、先生だってそういつも内的要請があって「子どもにこれだけは伝えたい」というような熱のこもった話し方をするわけにはいかない。教頭先生や校長先生のお説教に至っては、もうわたしたちはたっぷり経験をしています。

子どもに働きかける文化活動、子ども向けのお芝居や、テレビ、ラジオの番組で使われていることばも、いやなものです。おとなに話すときならけっして使わない不自然な発声で、妙に甘ったるい、こびるような声を用いるくせは、いったいどこから来たのでしょう。ああいう人工的な、誠実味の感じられない声に対しては、子どもがつくりものめいたジェスチャーを見せて反応するのは当然かもしれません。

わたしの仕事の領域である本をとりあげてみても、子どもの本の中には、ずいぶんいいかげんなことばを使ってあるものが見られます。さっき、雪が降るか降らないかというような話をいたしましたが、書いた本人がはっきりしたイメージをもたず、そこに気持もこめず書いたような文章は、やはり子どもにしっかり訴えません。

　となりますと、子どもたちは、ただでさえ騒々しい環境の中で、これまた空疎なことばを聞いている。静けさ（声が聞こえるための必要条件）のないところで、実体のないことば、マックス・ピカートが「騒音のことば」[7]と呼んだところのことばにさらされているということになります。これで、どうやって子どもたちにことばの力を養ってやることができるでしょう？　子どもたちが、だんだんお話が聞けなくなり、本が読めなくなっていくのももっともだといわなければなりません。

　それではどうすればいいか？　このことこそ、今ここにお集りのみなさんに、真剣に考えていただきたいことなのです。わたしはわたしなりに、いくつかのことをみなさんにお願いしておきたいと思います。

　第一のことは、子どもたちのまわりに静けさをとりもどすことです。具体的には、聞いてもいないラジオをつけっ放しにすることをやめる、というようなことからでいいのです。暮らしの中に、なんにも音の聞こえない時間、静かにしていられる場所がどれだけあるか、ふりかえってみることも大事でしょう。子どものまわりに静けさを確保するということは、ことに、〇歳から三歳といったごく幼い子どものために、心していただきたいことです。

ブルーノ・ベッテルハイム博士の、自閉症の子どもを扱った本『うつろな砦』[8]は、みなさんの中にもお読みになった方が多いと思いますが、この本の初めの部分、自己の芽生えについてふれている章で、博士は、乳児も乳児期の初めから「世界を気にし世界に対して注意を払っている」のだと述べています。博士によれば、自己というのは、自分から外の世界へ、他者へ働きかけていくことによって初めて実現していくものだとのことですが、とすれば、子どもを、外への働きかけを行なえる状態においてやるということは、とても大切なことだということになります。新生児でも外にある対象を目で追うといったことがあるそうですが、つまり外の世界へ働きかけようとする態度を見せることがあるわけですが、「新生児がこのように対象を注察するのは、ちょうど成人でいえば注意深くなった状態にも等しい、『静かであるが覚醒しているという状態に乳児があるとき最も著明である』という事実」に注目すべきだと博士は述べていらっしゃいます。おとなだって同じことですが、感情を動揺させると、注意もそれてしまう。だから、乳児が注意を集中するためには、充分に「静かであるが覚醒しているという状態」においてやらねばならぬ（カクセイというのは、覚醒剤などというときのカクセイで、目ざめているという意味です）。何かに気をとられ、要求をもてばもつほど、注察力と理解力はにぶるものだというのです。

そして、博士は、「簡単にいうと、乳児がどこまで『静かな覚醒状態』に在るかということ、どこまで外界を認知する機会をもつかということが彼の将来の発達の限界を決定することになる」とまでいい、受動的満足が得られない、つまり可愛がられないという理由で自閉症になる子はいないし、逆に可愛がってやったからといって自閉の殻から出てくる子はいなかった。「自閉を破ることができるのは、われわれが彼らに、能動性を与えることに成功した時のみであった」といっていらっしゃいます。

子ども自身は目ざめていて、まわりは静かであるという状況が、子どもにとって、子どもの自己の芽生えと形成にとって、どれほど大事かがわかります。わたしたちの精神のためにも、静けさは大事です。外からの刺激に反応し、これを享受するだけでなく、自分から働きかけて何かをすること、働きかけるという意味では、自分自身の内部に向かって働きかける内省もそこに含めていいでしょうが、それをする機会をもたないと、やっぱり、人間の精神は安定もしないし、健康にも、創造的にもなれないのではないでしょうか。とにかく、「静けさを！」と願います。

第二は、ことばに対する飢えをとりもどすことです。これは、もちろん第一と同じことですが、物理的な音＝話しことばとして来る刺激だけでなく、他の形で与えられることば、たとえば活字ですね、そういうものも、子どもの側に要求が出てこない前から、これでもかこれでもかと与えるのはいいことではないように思います。総じて今の子どもが弱いという感じを受けるのは、好奇心とか意欲とか興味とか、自分から外へ働きかけようとする意志やエネルギーにおいてですから、子どもの方から本に手をのばすような姿勢が出てくるように、まわりのことばを乏しくしてやることも大事ではないでしょうか。

第三は、これもまた同じことですが、おとなが話しかけることばもできるだけ節約することです。くどくどと同じことを、大して気もいれずにくりかえすというようなことをしていると、子どもも心得て聞き流すすべを身につけるものです。短くても、聞きのがしたらたいへんというようなことを、適切なことばで話しかけるようだと、子どもは、ことばを聞く、ことばに聞き入るということをするようになるのではないでしょうか。

第四は、ことばにその子の経験で裏打ちができるように、できるだけ実生活の体験をさせてやること。これは何も特別のところへつれていってやったり、いろんなものをたくさん見せてやったりということでなくてもかまいません。子どもですから、まず一にも二にも遊ぶこと。それから、いわゆるお手伝いでも、何でも、ためしにやってみるというようなことでもいいでしょう。年の上の子と遊んで、いじめられるという経験だってしてみなければ、「いじめる」とか「くやしい」とかいうことばにその子なりの中身を盛ることができないではありませんか。

そして、第五に、さいごにいえば、お話をしてやることです。いいかげんなことばで、甘くこびた声ででではありません。この上、もうひとつ騒音を加える必要はないのですから。そうではなくて、よく選びぬかれたことばで、清潔に、力強く、語り手が自分自身のイメージをはっきりさせて、気持をこめて話すこと。そして、子どもに、ことばを手がかりに、こういう世界が開けるのか、という経験をさせてやって、ことばに対する信頼をとり戻してやってほしいのです。

他人の声にしっかり耳を傾けることができること、ことばによって心の中に現実とは別のもうひとつの世界を築きあげることは、ともに、子どもたちが将来豊かに、また深い味いをもって人生を生きるために欠かせないことだと思います。子どものことばの世界をよりしっかりしたものにするために、子どもの成長に関わる者たちが、力を合わせ努力して行きたいものと思います。

尾と脚と

海をはるか沖に出ると、水は、この上なく美しいヤグルマギクの花びらのように青く、まじりものの一切ないガラスのようにすみきっています。けれども、とてもとても深くて、どんないかりも届きません。水底から水の上までは、たくさんの教会の塔をつぎつぎにつみ重ねていってはじめて届くほどです。この海の底に、人魚たちが住んでいました。

これは、みなさまご存じのように、有名なアンデルセンの童話「人魚姫*」の始めの部分です。お話は、どなたも知っていらっしゃるでしょうが、この海の底の美しい国に、人魚のお姫さまが六人すんでいる。そして、お姫さまたちは、十五になると、初めてゆるされて海の表面に上がっていき、外の世界を見ることができるのです。お姫さまたちは、この日をたのしみに待ち、それぞれ、帰って来ては、自分の見た海の上の世界の話をします。中でも、いちばん末のお姫さまは、海の上の世界に人一倍強いあこがれを抱いていました。そして、とうとうそのときが来て、海の上に出たとき、たまたま難波した船にいた王子さまを助け、その王子さまに恋をしてしまいます。ま、恋というだけではなくて、人間というもの、人間がもつという永遠の魂というものに、あこがれたわけなんですけれども。そして、海の底の、自分たちの世界にもどって来ても、どうしても、もう心が満たされなくなってしまいます。

そこで、お姫さまは、あれこれ思いめぐらしたあげく、おそろしい魔女のところへいって、自分の尾の代りに、人間の脚をつけてくれるようにたのむのです。魔女は、それを引受けてくれますが、この仕事は、自分にとってはたいへんなことなんだから、おまえさんもおまえさんのもっているいちばんいいものをくれなくちゃいけないよ、といって、お姫さまのもっている美しい声を、脚とひきかえにとりあげてしまいます。

こうして、お姫さまは、念願の脚を手にいれ、王子さまの住む地上の世界にのぼっていって、王子さまと再会します。けれども、悲しいかな、口をきくことができなくなっていたため、いつか王子さまを助けたのは自分だということを、王子さまに告げることもできず、王子さまが別のお姫さまと結婚することに決まったときも、心の思いを打ちあけることができません。

お話そのものは、ここでくわしく申しあげるまでもなく、みなさまご存じだと思うのですけれども、この、お姫さまが、本来もっていた尾の代りに、魔女につけてもらった人間の脚ですが、この脚によって、お姫さまは、まるで「水の泡のように軽やかに」歩いたり、ダンスしたりすることができたとあります。しかしまた、一歩、歩むごとに「とがった錐と、鋭いナイフの上をふんでいるような痛みがあった」と、物語はいっています。この脚は、姫にとっては、強く願って、自らのぞんで手に入れたものではあったのですが、しかし、一足ごとに、歩くごとに、常に常に、痛みを感じないではいられなかった……。

わたしは、ある時期から、よく、この人魚姫の脚の痛みということについて、また、心のうちを相手に伝える声、あるいはことばを失った悲しみについて、考えるようになりました。のぞむものを手に入れて、手に入れた瞬間から、そのことのために痛みを感じる……ということ。得たもの故の悲しみ、ということですね。

アンデルセンの童話に限らず、いわゆるフェアリーテイルと呼ばれている類《たぐい》のお話は、非常に象徴的な性質をもっていますから、人が折にふれて、そのときの、その人の感じていることに照らして、思い当るというか、ある意味をくみとるということがあると思います。この「人魚姫」の物語も、人によって、ずいぶんいろんな意味づけをすることができるのじゃないかと思います。

姫が脚を得た、ということについては、たとえば、これを、人ひとりの一生にあてはめてみると、自意識をもつ前と、もった後という風に考えることができるかもしれません。自意識という厄介なものにとらわれない前、ということは、つまり子どもの時代ということですが、人間は、ある意味で、たいへん幸せです。「尾」で暮らす生活の安定といいますか、無邪気で、苦労のない――不幸がないわけではありませんが、悲しいならどこからどこまですきなく悲しむことができるという意味での幸せがあります。

ところが、いつまでもそうであることはできなくて、だれでも大人にならなければならない。

そして、大人になるということは、自意識をもつということでもあります。そして、思春期以後の人間は、だれしも多かれ少なかれ、この自意識に悩まされる。あるときは、他人のように冷やかな目で自分のしていることをじっと見ているもうひとりの自分として、あるときは、自分がかくありたいと願うこととは正反対のことをやってしまう別の自分として。自分の中の、こうした二律背反的な存在に苦しめられるということは、近代以後の、教育をうけた人間にとっては、むしろさけがたいことではないでしょうか。

今でも思い出すのですが、わたしが大阪の図書館で働いていたころ、しょっちゅう図書館へやってきては、わたしが仕事をしているカウンターのそばで、あれこれおしゃべりをしていく男の子がいました。中学になったばかりか、あるいはなる前だったか。その子が、あるとき、カウンターのはしに腰をかけて、ひどく思い入れのこもった調子で、「人間、ええのは、まあ、小学校二、三年までやなあ。それすぎたら、もうなーんもおもろいことあらへん。中学へはいったら、高校。高校へはいったら、大学ゆうて、あとは、もう試験ばっかしやしなあ」といったのです。

まあ、ふつうなら、ここで、「そんなことないよ」と否定しなければいけないのでしょうが、その子のことばに、それはそれは真実味があったので、わたしは、思わず「ほんとやねえ」と、しんみり合づちをうってしまいました。まあ試験という問題もありますが、この子がいみじくもいったように、小学校三、四年をすぎると、今いった自意識というものが芽生えてきますから、ほんとうに無邪気に、子どもらしく、いろんなことを心底おもしろいと思っていられるのは、この子のいうように、八、九歳までということかもしれない。そう思うと、この子のいうことがほんとうにその通りという気がしたのです。

もちろん、大人になれば、子どもにはない自由があり、だれしも思い通りに、自分の主人になって生きることを願うわけですが、こうして「脚」を手にいれた大人は、そのことでチクリチクリと自意識の針でつつかれるようになるのです。

また、同じことは、女の人の生き方についてもいえるのではないでしょうか。女の人は、ずいぶん長い間、男に依存して生きる生き方を強いられてきた、ということがあります。親とか、夫とかの言いなりになっていれば、それがいちばん、と考えられていたときがありました。今でこそ、だれも、そういう生き方をよしとしませんが、考えてみれば、そういう時代、女の人は、ある意味でとても幸せだった――のかもしれません。

アンナ・マグダレーナ・バッハという人の書いた『バッハの思い出』[9]という本がありますが、この人は、バッハの二度目の奥さんだった人です。この本の中で、アンナは、世の中でいちばん幸せだった女は二人いる、それは、バッハの前の奥さんだったマリーア・バルバラと、わたしだということをいっています。その言い方のきっぱりとして、ゆるぎないこと。それは、アンナが、心の底からバッハを尊敬し、信頼し、愛していたこと、そのことにいささかの動揺もなかったことを示しています。アンナは、当然音楽家としての夫の才能を高く評価していたのですが、もちろん、生きていたその当時は、バッハは、今日人々が考えるほど巨大な存在ではなかったはずです。後世の名声を知っていたからではなく、ふつうの男の妻として、アンナは、あのことばをのこしたのでしょう。

それほどの全き信頼をもって、ある人の妻であることの幸せに生きることができたアンナは、うらやましいといえます。けれども、もしこれが二十世紀の今日であったら、バッハほどの偉大な人物の奥さんであっても、夫は夫として、いったい自分はどうなのか、妻の座に安住していてよいものだろうか、わたしの価値、わたしの生きる道はどこにあるのか、などと悩みかねません！　今なら、もしかすると、アンナも、あれほど完全な、欠けるところのない幸福感を抱けなかったかもしれません。

　そう考えると、女の人が、自分で考え、自分の生き方をしようとすること、文字通り「脚」をもって、自分で立とうとすることは、ある意味で、女の人を「尾」の暮らしの安楽から遠ざけました。夫に頼り、男に依存して生きていたころに味わえた一種の安心感といったものがなくなって、自己主張をすればするだけ、夫との人間関係の上でも、社会的な立場でも、女の人は、独り立ちする脚の痛みを強く感じるのではないでしょうか。そして、そう考えると人魚姫の尾と脚を、女の人が、自分で考えること、自主的に生きることを始める前と後というふうに見ることもできるでしょう。

　この人魚のお姫さまのことは、また、さらに、女だけでなく、男も含めた人類全体の歴史といいますか、十九世紀までと、二十世紀以後のわたしたちの暮らしにあてはめて考えることもできると思います。

　二十世紀になって、人類は、長い間手にいれたいと願ってきたものを、ずいぶんたくさん手にいれたと思います。たとえば、ある種の伝染病——ペストだとか、コレラだとか、天然痘だとか

――をほとんど克服できたこともそのひとつでしょうし、それまでは、なすすべもなくただ襲われるにまかしていたいろんな災害も、ずいぶん防ぎとめることができるようになってきた。社会的にも、今までの時代に比べれば、富の絶対量が飛躍的に増大したばかりでなく、その分配が、かなりの程度公平になって、全体として、前の時代の人々より、物質的に豊かに暮らせるようになった。機械のおかげで、労働の苦痛からも、ずいぶん解放された。また無知からくる恐れや不幸からも、ずいぶんと救われるようになったということがあります。

わたしは、とくに精神病者の扱いなどということを考えると、今の時代になって、ほんとによかった、という気がしてならないのです。この間も、ドロシア・ディックスという、精神病院の改善に、非常に大きな働きをしたアメリカの女の人のことを本で読んだのですけれども、一八四〇年代といいますから、今からつい百三十年ほど前のことですけれども、この人が見た精神病者の収容所では、患者は、濫の中に、はだかで鎖につながれていれられて、なわや鞭でたたかれ傷だらけになっていたと記されています。無知のために、精神や身体に障害をもつ人々が、これまでどんなにひどい偏見や仕打ちに甘んじなければならなかったかを考えると、科学的な知識が増すことによって、わたしたちがこうした迷信やら、偏見から解放されるようになったということは、ほんとうにありがたいことだと思います。そして、ドロシア・ディックスのような人々のたいへんな努力によって、今、わたしたちは、少なくともその当時よりは、より人間的な、といいますか、人道的な扱いを、こうした障害をもつ人が受けることのできる社会をつくりあげたといえるのではないでしょうか。

実際、今の時代は、いろんな点からみて、人間が今までこうありたい、こうしたいと願ってきたことが、かなりの程度実現して、これまでにないほど幸せになった時代といってもいい。念願の「脚」を手にいれたといってもいいんじゃないか、と思います。

が、ご承知のように、わたしたちは、はや方々で脚の痛みを感じ始めています。わたしは、ケネス・ボールディングの『二十世紀の意味』(10)という本が好きで——好きでというのはおかしいですね、この本から教えられるところが多々あって——折にふれて読みかえしているんですが、この人は、歴史を、大きく三つに分け、文明前の時代、文明の時代、文明後の時代というふうに呼んでいます。そして、二十世紀を、文明の時代から文明後の時代への転換期というふうにとらえていて、人類がこの転換を見事になし遂げて、文明後の時代に生き残れるためには、いくつかある落し穴をうまく避けなければならないということをいっています。この落し穴というのは、たとえば、核戦争の危険、人口の爆発的増加、エネルギー源の涸渇などですが、それといっしょに、ボールディングは、人間の精神といいますか、人間性が堕落し、退廃する危険についても述べています。古来、人間は、非常な富や権力をもち、もうこれ以上苦労しなくてもよいという状態におかれると、必ず堕落したというのですね。だから、社会全体がよくなって、大半の人が、昔の貴族のような暮らしができるようになったら、人間の精神がたるんで、低い方へ低い方へと落ちていきかねない。虚無や退廃に陥りかねない。そうなれば、たとえ他のすべての落し穴をさけることができたとしても、やはり人類は生き残れないだろう。文明後の時代に生き残るためには、精神圏に変化を起こさなければだめだということをいっています。

生活が豊かになったが故に、精神に起こるマイナスの変化——これは、やはり「脚」の痛みといっていいでしょう。のぞんできたものを手にいれたがために、人間は、全体として、そのことからくる痛みを味わっているのです。目的の喪失、全般的な疎外感、刹那的なものへの傾倒、麻薬やセックスへの逃避など、こうした痛みは、今日の社会のいたるところに見られる現象です。

ところで、今述べてきた「尾と脚」の問題を、今日の子どもにあてはめて考えてみると、どうでしょうか？　わたしは、今の子どもは、最初から脚をもって生まれて来ている。そして、そのおかげで、その痛みも負わされている、という気がしてなりません。たとえば、医学の進歩のおかげで、出産時の生命の危険が非常に少なくなったこと。衛生や栄養の状態がよくなって乳幼児の死亡率がうんと下がったこと。のちに大きな障害になるような身体や精神上の症状が早く発見されて、予防の措置がとられるようになったこと。またよしんば障害がある場合でも、特別の教育がなされるよう大きな努力が払われるようになったことなどがあります。また、児童憲章や、児童福祉法などという法律もできて、社会的にも子どもは手厚く保護されるようになりました。身体が小さいから都合がいいというので、炭坑のいちばん深い、せまいところで、朝から晩まで働かされるといったことや、親の勝手で売り買いされるといったこともなくなりました。

こう考えて来ますと、子どもたちは、今までの時代に比べたら、ほんとうに幸せになった、といえます。けれども、一方、たとえば、わたくしのところの小さな図書室にやってくる子どもたちを見ていても、今の子どもたちは、わたしたちの子どものころと違う、いや、わたしがこういう仕事を始めた十年余り前の子どもと比べても、ある違いが出て来た、という気がします。そして、それは、好ましい変化とはいえないのです。このことについては、あとで、もっとくわしくお話しすることになると思いますが、ともかく、子どもの暮らしがいそがしすぎて落着いていられないらしいこと、本に限らず、何にしても以前の子どもほどおもしろがらないことなどが見ていてわかります。

ごく幼いときから、わたしたちがふつう子どもとは正反対の極において考えること、たとえば退屈とか、投げやり、無関心、といった態度を身につけてしまっている子もいるし、何もかもわかってるような、そして、実際、驚くほど物知りな、おとなみたいな子どももいます。学校の先生方や、保育園の保母さんたちの報告などを見ましても、こうした例はいくつも出て来ます。

そして、子どもの場合、このようにして、いわば「脚」をもつ痛みを、さまざまな現象として見せながらも、子ども自身は、けっしてそれを痛みとしては感じていません。そして、実は、そのことに、もっとも深い不幸があるように、わたしには思えます。さっきあげた、いくつかの好ましくない子どもの変化は、わたしが思うに、これは多分にテレビの影響だといえるのですが、それにしても、子どもは、何もテレビが欲しい、テレビのある世の中に生まれたいと思って生まれて来たわけじゃない。尾っぽはいやだ、脚がいい、と思っていたわけじゃない。生まれてみたら、テレビがあった。生まれてみたら、尾ではなく、脚がついてた、というわけです。ところが、いったん生まれてみると、もう否応なしにその影響下におかれる。そして、あまりにも早くから、そういうものの刺激にさらされてしまったために、子どもとしての活力というか、生命力というか、たとえば好奇心、探求心、ふしぎなものに対するおそれやあこがれ、といったものまで失ってしまう。そして、自分たちが、そういう、いわば不自然な育てられ方をしているということについて、子ども自身は何ら自覚していない、ということになるのです。

ここで、もうひとつ、「人魚姫」の物語から考えられるのは、お姫さまが脚の代償として払った声の問題です。人魚のお姫さまは、脚のおかげで、脚ができたからこそ、愛する王子さまのそばにいられるようになったわけですけれども、皮肉なことに、せっかくそばにいられるようになったのに、そのときには、愛を打ちあけるべき声——ことばを失っていた。その人と心を通わすことこそが、姫にとって最大ののぞみであったのに、その機会を得るために、思いを伝えることばを犠牲にしなければならなかった。これは、実に、大きな皮肉です。

そして、話を現代の子どもにもどせば、子どもたちは、物質的にもいちばん恵まれ、人権とか教育の機会とかいった面でも、いちばん望ましい状態に生まれてきて、さて、そこで、精神的にいちばんはつらつとして、幸せになるかというとそうでない。外部の制限からは解放されているにもかかわらず、自分の内部にある力が弱くなって、その条件を十分生かせないということ。これは、ことばを失った人魚のお姫さまの悲劇に通じる皮肉です。

こうした皮肉は、今日のわたしたちの暮らしの中には、実に無数に見られるのではないでしょうか。社会のあり方や、生活の様式が、ここのところへ来て急激に変わりましたから、わたしたちの暮らしには、それと知らずに失ったものがたくさんあると思います。楽《らく》とか便利とか、物質的な豊かさの代償として、あまり意識せずに支払ってしまったもののことです。

そして、何かどこかおかしい、しっくりしない、いけないというようなことが出て来て、一方まったく新しい、時代の先端をいくような学問が、実はわたしたちが思い切りよく捨ててしまったものの中に、人間にとって大事なものがあったんだというようなことをいいだす、そういうことが、いくつも今の世の中には出て来ていると思います。まったく皮肉な話です。

たとえば、育児というようなことを考えてみてもそうです。楽《らく》だとか便利だとかいうことで、もちろんそれだけではなく、栄養ということや、さらには母親のスタイルというようなこともあって、一時期、母乳に代って人工栄養、つまり粉ミルクで子どもを育てることが広まりました。ところが、この面での先進国であるアメリカで、母乳で育てられなかった子どもは、情緒が不安定になる傾向があるなどという研究も出て、また免疫の問題その他でも、母乳のよさが見直されて、昨今は、母乳をすすめる厚生省の大きな広告が新聞にのったりしています。ところが、今のお母さんの中には、母乳を出すのに、たいへんな苦労をする人たちがいるときききます。こういうことも、考えてみれば皮肉です。

それから、この間、ちょっとした文章を読んで、たいへんおもしろく思ったのですけれども、赤ん坊の遊びに、イナイイナイバァーというのがありますね。あれが、実は、子どもの心の発達に、たいへん重要なものだというのです。これは、小此木啓吾という、慶応大学の教授で精神分析のお医者さんがお書きになっていらしたものなんですが、イナイイナイバァーというのは、最初、親の方から子どもに働きかけてやる。つまり、親が自分の手で自分の顔をかくし、イナイイナイといってから、バァーで手をとり、子どもの前に、もういちど顔を見せる。いったんかくれて、ふたたび現われる。この先生のおっしゃるには、これは、一時的に関係を断って、また関係を結ぶ、ということであって、実は、こうした遊びの中で、子どもは、母親からの「分離」と「自立」の訓練をするのだ、というのです。

そして、この遊びに習熟すると、子どもは、自分の手で自分の顔をかくして、イナイイナイといい、自分から手をはずしてバァーというようになる。これは、子どもの自我の発達を示していて、のちに、この「人からの分離と再結合」の行為を、子ども同志の関係にもあてはめて遊ぶのが、すなわちかくれんぼだ、というんですね。そして、この先生は、子どもは、イナイイナイバァーをする過程で、つぎのようなことを学んでいく、といっていらっしゃいます。

一、だれかと別れても、再び出会うことができるという確信、

二、しかも、受身的に離されるのではなく、むしろ、自分から自立し、再び結びつく能動的な分離――自立――再結合の自由を経験し、それを自由にたのしむ能力を身につけてゆく、

三、自分が離れても、相手は怒りもしないし、自分を見すてもしない。つまり、相手もこの別れ――再会をたのしみ、その分離の期間中変らぬ愛情を自分に向けつづけているという基本的信頼感の獲得、

四、同時に自分もその分離期間中、変らぬ安定と活動を営みつづけることができるという自信――自己信頼を身につけていく。まさに、それは、自我同一性(アイデンティティ)の

誕生である。

「へぇーっ、そういうものか！」と、お思いになるでしょう？　で、この先生は、先生のもとを訪ねる患者さんの中には、この〝人から離れていられる、またその間、人にも自分にも信頼感をもち、同一人物として、ひとつの人格として統一されて存在する〟という、人間として基本的なことができていないために、病気になっている人がいるといっています。

親から別れて独立すること、また、ひとりの人間としてアイデンティティをもって――このアイデンティティということばは、このごろ、みなさんもあちこちで耳になさるんじゃないかと思いますが、ここでは、つまり自分は自分として、分裂していない、ひとつのまとまった人格として存在するということだと思いますが――、そういうものをもって生きていくことは、人間にとって、ふつうに、また健康に生きるためにどうしてもしなければいけないことですよね。そのための訓練が、たのしい遊びの中に、赤ん坊の時代から始められている。もちろん、親も子も、それが訓練だなどとはつゆ知らず、何世代にもわたって、遊びとして伝承されてきたというわけです。

まあ、何ということなくやっていた遊びの中に、こんな深い意味があると聞かされては、驚くほかありません。子どもの遊びの、深層心理面から見た意義については、ほかにもいろいろ研究があるようで、先ごろ日本へおいでになった、ミュンヘンの国際児童図書館のウォルター・シェルフ氏も、「子とろ子とろ」の遊びについて、同じようなことをいっていらっしゃいました。鬼

——あるいは子とり、あるいは国によってはオオカミ——などから逃げる、あるいは瞬時に決断して、その前を走りぬける、あるいは、親と鬼の間で一定の問答をくりかえす、といった、この種の遊びにつきものの、「おそろしいもの」と子どもとのスリルに満ちた対決は、のちに、子どもが実生活で体験するであろう危機との対決を立体化してみせたドラマであり、こういう遊びをくりかえし遊ぶうちに、結果として、その子の中に、危険を乗りこえる方法のパターンのようなものが備わっていくというのです。

ところが、考えてみますと、よくいわれているように、近ごろは、年齢の違う子どもたちが集団で遊ぶということがなくなってきて、どうも「子とろ子とろ」や「かくれんぼ」といった遊びを、子どもたちがせっせとやっているというふうではない。イナイイナイバァーにしても、どうもあまりやっていないんじゃないかという気がする。核家族だと、母親は、ことに外に働きに出たりすると、子どもの世話をすることが第一になって、のんびりと、何もしないでいい時間があって、自分も退屈しのぎに、子どもと遊んでみるというわけにはいかなくなるのかもしれません。それに、こうした伝承的なことは、やはり年寄りから伝わるものですから、何かそういう面で、昔の暮しぶりから切れているところがあるでしょう。学者先生が、こんなちょっとした、たあいのない赤ん坊とおとなのやりとりの中に、こんなにも深い意味があると発見して、わたしたちに教えてくれるときには、わたしたちは、もうそんなことをしなくなっていた、これも皮肉なことです。

このほかにも、わたしの仕事ともっと関係の深いところでいえば、昔話のこともあります。家庭で、あるいは小規模の共同社会で、だれかが物語を語り、それを子ども――子どもに限りませんが――が聞く、といったことは、もう、わたしたちの生活からはなくなってしまいました。日本では、ことに一時期、昔話みたいなものは、卑俗だとか、迷信深い子どもを育てるとか、残酷だとかいって、いわゆる教育ある人々は、もっと別の、芸術的な物語を子どもに与えようとしたことがあります。えらい作家先生のお書きになるものの方が、田舎のじじばばが語るものより高尚で、価値があるというふうに、人々は思いたがりました。

そこへ、ラジオ、テレビなどのマスコミュニケーションの発達や、さっきいった核家族の問題もあって、昔話は、ここ何十年かの間に、すっかりわたしたちの暮らしから消えてしまいました。ところが、昔話が、直接語りかけるという形では、ほとんど子どもに与えられなくなった今になって、昔話のかくされた意味や、それをくりかえし、くりかえし、おとなが子どもに語ってやることの意義について、民俗学や、文化人類学や、心理学や、教育学の学者たちが、研究するようになってきたのです。今まで何も知らずにやってきたことが、実はとても大事なことだったんだとわかったときには、もうそれが行われなくなっていた、あるいは行えなくなっていた、という皮肉がここにもあります。

あまり、子どもの本とは直接関係のないようなことばかり申し上げてきたようですが、実は、子どもと本の関係において、これまでに申し上げて来た、「脚」の痛み、声を失った皮肉といったことが顕著に見られるので、そのことをみなさんによくお考えいただきたいと思ったのです。

子どもの読書ということを考えるとき、その外的な環境ということに限っていえば、おそらく今ほど恵まれた状態は、これまでになかったのではないでしょうか。まず、出版のことを考えてみると、ご存じのように、今、日本では、年間、二千五百点くらいも児童書が出版されていて、これは、世界でも有数です。そして、ひところは、子どもの本などというのは、片手間仕事、あるいはただの金もうけの道具としか考えられていなかったのに、今日では、出版社も、子どもの本のことを大事に考えるようになりましたし、作家や画家にも、本気で子どものための仕事と取り組むという姿勢が見られます。紙の質、印刷、造本――ついでにいえば、お値段も！――たいへんよくなって、見るからに粗悪品というような本は、姿を消しました。

読書施設――図書館ですね。それを考えてみても、学校図書館、公共図書館、それに、公民館や児童館の図書室など、まあ数の上では、欧米などに比べてずいぶん少ないのですが、それでも、かなりの数できてきました。その上、日本には、世界的にも注目されている「子ども文庫」というものもあって、これは、全国で三千とも五千ともいわれていますが、これが、子どもたちに読書の場を提供しています。そして、実際、住宅地域などで、ほんとうに住民の暮らしにはいりこんで活動している新しい公立図書館では、どこでも子どもの利用がたいへん盛んで、貸出しの五割から六割までが子どもの本というところも珍しくありません。こうなってきますと、図書館の側でも、子どもに対するサービスを重要視するようになってきて、児童室抜きに図書館を考えるというようなことはなくなりました。これは、たとえば、戦前、あるいは、十五年前と比べてみても、たいへんな変化です。

子どもの読書に対する、おとなの理解や、関心といった面はどうでしょうか。この点でも、事情は、ずいぶん違ってきたと思います。昔は、ふつうの家庭だと、本を読む暇があるなら家の手伝いをしろ、といわれたものです。明治の初めに子ども時代を過した人の自伝などを読んでいますと、よく、親にかくれて、こっそり蔵の中で本を読んだとか、家をぬけだして、本のある友だちの家で暗くなるまで読みふけった、などと書いてあります。

ところが、今なら、ふつうの親ですと、子どもが本を読んでいたら、少なくとも、それを悪いことだときめつけたりはしないでしょう。テレビを見ているより本を読んでいる方がよい、と考えるのがふつうでしょうし、お母さん方の中には、うちの子は、本を読まないと、大いに嘆いていらっしゃる方もあります。

今、ここでわたしたちがしているように、大勢のおとなが集まって、子どもの読書について考えたりすること自体、この問題について、一般のおとなの関心が高まっていることを示しています。

つまり、いろんな面から見て、今日は、子どもの読書にとって望ましい環境がととのえられているといっていいでしょう。もし、本を読みたいと思う子どもがいたとしたら、その子は、今までのどの時代の子どもより、その願いがかなえられやすい状態にいるということです。本は、たくさんある。本が読める、あるいは手にはいる場所は、あちこちにある。おとなは、それをはげましてくれる、というわけです。

ところが、問題を、その本を読む子どもの側にしぼってみますと、さっき申し上げたように、あまりいい状態とはいえない。本を読んだり、そのことをたのしんだりするのに必要な能力というか、精神の状態をもてない子がふえているということです。

わたくしのところでは、十年ほど前から、小さな図書室を開いています。そして、今、いっしょに仕事をしている仲間の中には、もう二十年の歴史のあるかつら文庫や、土屋文庫で、古くから働いて来た者もおります。何もそう大昔のことではない、たかだかここ十数年というだけのことですが、その間に、わたしたちは、本と子どもの結びつき方が、だんだん弱くなってきた、ということを見せつけられてきました。

それは、たとえば、あまり読む本のえりごのみをしなくなった、軽いものばかり読みたがる、読んだことを忘れる、といったことに現われています。昔の子どもは――というのは、つい十年くらい前までの子どもは、ということですが――、ある特定の本に執着することが多かったように思います。そして、「お気に入り」の本を、くりかえしくりかえし借りたがりました。ですから、今でも、なおちゃんといえば『ラチとらいおん』というふうに、わたしの記憶の中で、子どもと、その子の好きだった本が結びついて出て来ます。『一〇〇まんびきのねこ』――辻君、といった具合です。ところが、今は、あまりそうでもない。だれもが、まんべんなくいろんな本を読んでいて、強い執着を示すということが少ないようです。

それに、読んだ本のことをあっさり忘れるというようなことも、自分たちの経験に照らし合わせてみると、ちょっと信じられないのですが、そういう事実もある。借りようとして、カードをぬいてみて、そこに自分の名前を見つけて「あれ、この本、ぼくもう読んだ」などといったりする子がいます。それも、一年も二年も前というならまだわかりますが、数週間前ということすらあるのです。背を見、手にとって表紙も見、パラパラとページをくっていてさえ、自分が前にそれを読んだということが思い出せない、それほど精神に何の痕跡もとどめない本の読み方というのは、いったいどういう読み方でしょうか？

　こうしたことが、もっとあからさまな形で見えるのは、「お話」のときです。わたくしどもでは、物語を語って聞かせるということをたいへん大事に考えていて、わたくしどもの文庫では、ずっとお話を続けてきました。何人かの子どもたちを前に、直接、顔を見ながら、「むかしむかし、あるところに……」と、話をするのです。

　本と違って、お話では、子どもの反応が、その場で、はっきり出てきますが、こうしてお話を聞く子どもの様子を見ていますと、今の子どもは、昔の子ども――何度も申しますが、ほんの数年前の子ども――に比べて、お話をたのしむ力が弱いということが、いやでもわかるのです。集中力がない。興味を持続させる力がない。ことばだけ聞いていても、それによって心にイメージを呼びおこすことができないらしい、というようなことに始まって、おかしい話をしてやっても、あまり笑わない。昔なら、五、六歳でピンピン反応したようなことが、今は、二、三年生にならないとわからないようだ、というようなことまで。どれひとつをとってみても、うれしくないことばかりです。

　昔は――昔は！――、お話を聞くとき、子どもは目をカッと開いて、じっとこちらの顔を見てくれたものです。話が緊迫して、ハラハラする場面にくると、文字通り身を乗り出して、喰いいるようにこっちを見てくれる子がありました。話す立場からいうと、こういうとき、たしかに「聞いてもらった！」という手応えがあり、そこにすわっている子どもに、聞き手の存在感というか、そこにひとりの人間がいて、わたしの話を聞いていてくれるという重みが感じられました。たとえそれが幼い子どもでも、その子がたしかにそこにいるという感じは、話し手にとっては、たいへん貴重なもので、こういうとおかしいようですが、そういうときは、実在感のある聞き手として、相手を尊敬するというか、相手を認めて、人格として関係を結ぶといった感じがありました。まあ、これは、ちょっと大袈裟ないい方かもしれませんが、要するに、子どものひとりひとりに、その子としての手応えがあったということです。

ところが、今の子どもには、この手応えの感じが非常にうすい。子どもが、ひとりの存在として希薄だというかなんというか、頼りない気がするのです。これは、このごろの子どもは、話を聞いているとき、視点が定まらず、目がしょっちゅうフワフワとあちこちただよっているということも作用しているのでしょう。話し手としては、こういう聞かれ方は、心もとなくて、たいへんいやなものです。そして、こういう聞き方だと、もちろん、話が終わったときに、話し手、聞き手ともに、ホーッと息をつく、といったことにはなりません。

そういう子どもを見ていると、わたしなんか、損だなと思ってしまうんですね。これじゃあ、あんまりおもしろくなかろう、と。そして、わたしなんか、同じ話を聞いて、たたみの上をころげまわって笑った子どもの記憶なんぞがあるものですから、わずかにほほの筋肉を少しゆるめるくらいの反応しか示さない子を見ていると、あーあ、さぞつまんないだろうな、と思って、気の毒になってしまいます。そして、一事が万事こういうことだとすると、それに、人は、ふつうおとなになれば、子どものときほどいろんなことをたのしめなくなるということを考えると、この子たちは、一生ずいぶんつまらない思いをして過ごすんじゃないか、なんて考えてしまうのです。

どうしてこんなことになったのか？　きょうは、きりがありませんから、テレビの話はやめておきますが、とにかく、人間がこうありたいと願って手にいれたもの、現在のわたしたちの社会の中に、子どもたちの中にある自然な、素朴な、強力な生命力みたいなものを失わせる働きがあって、人魚姫が脚を手にいれて王子のそばに来たように、読みたければいくらでも本が読める状態におかれたのに、人魚姫が声を出せなかったように、子どもたちは、本を読むのに必要な精神の状態というものを失いかけているのが、今日の状況なのではないでしょうか。

本が読める、あるいは本を読むことが、その当人にとって、少なくとも何かプラスになる体験となるためには、ただ本が手にはいるだけではだめなので、読む側に、それだけの用意がなくてはならない。まず、読みたいという意欲というか、本に対する飢え。それから、ことばを理解して、そのことばを使って自分自身で、自分の中に、作者がさしだしてくれた世界を再構築する力。そしてまた、ひとつのテーマを、持続して、集中して、追求していく力。こういったものがなければならないでしょう。こういうものが子どもの側にあって、初めて、子どもは本をおもしろく思い、本をたのしみ、その結果、自分を豊かにしていくことができるのだと思います。

子どもの読書について、まだ一般の理解や関心の度が低かったころは、わたくしのような仕事にたずさわる者、つまり、児童図書館員や、文庫の世話をする者にとっては、子どもにとって読書がどんなに大切かとか、子どもを読書に導くにはどうすればよいかといった問題を、自分たちでも考え、また関係ある人々に訴えるというのが、大事な役目でした。しかし、ここ数年の世の中の動きや、子どもの状態を見て来ますと、わたし自身は、それよりも、子どもが本と出会う以前の問題の方が、もっと緊急を要することに思えてなりません。本を読んだら読んだだけのことがあるような、そんな子どもにするにはどうしたらよいかということです。

そこで、このごろでは、機会があるごとに、いわば、読書以前の子どものあり方といったことについて、もっと真剣に考えてほしいということを訴えています。ことに、幼児をおもちのお母さん方の集りなどでは、あまりあわてて、やれ絵本の本のといわないでほしい。それよりも、子どもが、よく遊んでいるか、いろんな経験を生《なま》でしているか、「お話して！」とか「本、読んで！」と、自分からねだるような状態か、ということに、もっと気をつけてほしい、問題は、本さえ読んでりゃいいということではけっしてなく、子どもが健康に豊かな精神をもつように育っていくために、本がその本来の役を果すかどうかなのだから、ということを申し上げています。

もちろん、わたしは、子どもが本を読むことは、たいへんいいこと、大事なことだということは信じています。この信念は、変わりません。石井桃子さんは、『子どもの図書館』(11)のまえがきで、「私は、この本を書くにあたって、『これからの子どもは、いままでの子どもにくらべて、本を読まなくてもいいのか、または、本を読まなければいけないのか』という点では、『読まなければいけない』という立場をとりました」といい、その理由をいろいろ説明して、こういっています。

「子どもが、本（文字）の世界にはいって得る利益は、大きく分けて二つあると思います。一つは、そこから得た物の考え方によって、将来、複雑な社会でりっぱに生きてゆかれるようになること、それからもう一つは、育ってゆくそれぞれの段階で、心の中でたのしい世界を経験しながら大きくなってゆかれることです。」

ついでながら申しますと、中野重治氏は、石井先生のこの文章について、『本とつきあう法[12]』という本の中で、こんなことをいっていらっしゃいます。

石井桃子の『子どもの図書館』というのを見ると、「私は、この本を書くにあたって、『これからの子どもは、いままでの子どもにくらべて、本を読まなくてもいいのか、または、本を読まなければいけないのか』という点では、『読まなければいけない』という立場をとりました。」と書いている。私は賛成する。事がらとして賛成するが、それとともに、あるいはそれ以上に、石井のこの書き方、そのいさぎいい書きざま、その美しさに賛成する。そこが楽しい。楽しいのでなければ、簡単にいって仕方がない。

そして、わたしは、中野重治氏に「賛成」し、「そこが楽しい」と思います。

ま、今のは余談ですが、本を読むことが、子どもの時代をたのしく生きるためにも、おとなになってから、その人がよりよく生きるためにも、必要なことだという、さきほどの石井先生のことばは、たいへん単純、卒直に、また何でもないふつうのことばで、書かれているために、人は、さーっと読み流してしまうかもしれませんが、このことばには、たいへんな重みがかかっている、このことばの奥には、たいへん根本的な、大事なことがある、とわたしは思います。

社会が今進んでいる方向へどんどん進んでいくとしたら、人が本を読まなければならない必要は、今までよりもっともっと大きくなるでしょう。さきほどから、人魚姫の尾と脚のことを例にひいていろいろお話し申し上げてきましたが、いったん脚をつけてしまったお姫さまは、もう、もとの人魚になって、海の底の暮らしにもどることはできませんでした。わたしたちの生活についても、同じことがいえます。今、わたしたちは、かなり安易に「昔は、よかった」などということを口にします。手づくりなどということをもてはやし、村の暮らしの古いしきたりや、人情のこまやかさ、身のまわりにあった自然、などについて、なつかしさをこめて語ります。たしかに、人間が自然のふところに抱かれて生き、親密な、暖い人間関係を保っていられたことは、幸せでした。「昔は、よかった」のです。

けれども、だからといって、廻れ右して、すぐもとへもどれるかというと、そうではありません。「尾っぽの暮らしの方がよかったよ」といっても、もうそれはできないのです。となれば、その痛さをフルに感じつつも、わたしたちは、何とか脚で生きることを考えなくてはいけない。どうにかしてなくした声に代わるコミュニケーションの方法を見つけなければならない。深い海の底ではなく、陸の上で生きる生き方を模索しなければいけない、と思うのです。

子どもということを考えるなら、今、子どもたちが置かれている状況の中でも、精いっぱい子どもにとって望ましい状態を回復する努力をしなければいけないでしょう。子どもが、くたびれ、退屈し、あるいはむやみにいそがしがっているという状態がよくないことは、どう見てもわかっているのですから、それでは、もっと子どもが、自分からすすんで何かに手をのばすという状態をつくるには、どうすればよいかを考えなくてはなりません。

子どもたちに、外へ向かって働きかける力がないというのは、最初から過剰な刺激が与えられすぎているからだと考えられますから、最大限の努力をして、子どもたちを過度の刺激から守らなければいけない。これは、たとえば、具体的にいうと、半時間でも、一時間でも、テレビを見る時間を少なくするというようなこと。おもちゃなんかにしても、精巧な、すっかり出来上がってしまったものを与えるというのでなく、素材のようなものを与えて、子どもがそれに働きかけて遊ぶことを促すようにする、といったことです。

子どもをあまりいそがしくしないということも、必要でしょう。親がかまいすぎないということも、大事でしょう。とにかく、子どものまわりを、もっと静かにして、もっとたっぷりした空間をとって、もっと放っておいて、子どもが、本来もっているはずのバイタリティを発揮して、自分から外に働きかけることができるようにしてやらなければなりません。

こういうことは、昔なら、放っておいてもそうなったというような事柄かもしれません。ラジオやテレビがなかったころは、わたしたちの生活は、今では考えられないほど静かだったでしょうし、住宅事情も、環境も、今よりはずっとゆったりしていたし、お母さんは大勢の子どもをかかえて、掃除、洗濯、炊事と大いそがしだったから、今のように、一から十までねめまわすように子どもを見ていられなかった、というわけです。

しかし、それと意識しないでやっていたことが結果としてはよかった、という幸せな時代はもう去ったのですから、そうすることが必要だ、大事だとわかったら、自覚して、意識して努力するしかありません。イナイイナイバァーに、これほどの意味があるとわかったら、そうした学問の裏づけを得て、つとめて、それをすべきでしょう。悲しいかな、遊びには、自発性や即興性が生命というところがあって、おもしろいから、というのではなく、いいことだから、などという理由で近づくと、遊びが死んでしまう場合もあるでしょう。でも、それでも、しないよりはいいでしょう。相手が赤ん坊だということ、それに伝統的なものの中にひそんでいる人間をどこか深いところからつき動かす力といったものが、わたしたちに味方して、意識的な努力を、無邪気な喜びに変えてくれるかもしれません。

失ったものの痛みを感じるなら、ただそれがひとりでに手にはいった〝古きよき時代〟をなつかしがっているだけではいけないので、たとえそれが苦しくても、努力して、脚で立つことの痛さを克服しなければなりません。

こういうことができるためには、ひとりひとりの人間が、自分の置かれている状況を、よく認識して、自覚して生きるということができなければなりません。そして、そのためには、人間は、今までよりかしこくなくてはいけないし、強くもなければなりません。そうでないと、ボールディングのいうように、人類は、文明後の世界に生きのびられないかもしれないのです。

ボールディングは、人類は非常に大きなポテンシャル――潜在的な能力、エネルギーですね

――をもっているといっています。それは、破壊に使うこともできるし、建設に使うこともできる、希望に向うこともあり得るし、絶望に費されることもあり得る。プラスの形にでもマイナスの形にでも奔出し得るこのポテンシャルを、どちらのチャンネルに導くか、このための選択は、実は人間が人間に対して抱くイメージの中に、つまり人間の精神圏に、どういう変化をもたらすかにかかっている、といっています。

そして――ぐるぐる話がひとめぐりしてきたようですが、精神圏に変化を起こす、つまり人間ひとりひとりの頭の中身を変える――新しい事実を示し、それについての判断の基準になる知識を与え、なおかつ少しでも善の方向へ、人間の幸せの方向へ向かって努力しようという人生態度を支え励ます――のに、書物ほど、それに与って力のあるものがほかにあるでしょうか？

あとがき——改訂新版の刊行にあたって

ここに収められた文章は、はやいものは一九六四年、いちばんおそいものも一九七六年に書かれました。書いたときから、すでに半世紀ちかくも経っています。この時期は、わたくしがアメリカ留学から戻って、大阪市立中央図書館に児童奉仕担当として就職したときにはじまり、二年後に退職して自宅で家庭文庫を開き、さらに、その数年後同じ家庭文庫仲間と語らって、私立の東京子ども図書館を設立して活動をはじめた、その最初の時期にあたります。わたくしの年齢では、二十代の後半から四十代のはじめにかけて、新しい体験を重ねながら、夢中で働いていた一時期のことです。

ご依頼を受けて、福音館書店発行の雑誌「母の友」や、月刊絵本「こどものとも」の折込付録などに書かせていただいたこれらの文章は、当時、わたしが若さと一途さにまかせて一所懸命に綴ったもので、のちに本にすることなど考えてもいませんでした。それをひとつにまとめて本にしてはどうか、と提案し、これが本になるのかしら、と半信半疑でいたわたくしを説得してくださったのが、当時のこぐま社の社長佐藤英和さんでした。

おかげで別々の媒体に書かれた短い文章が集められて本の形になり、一九七八年にこぐま社から刊行されました。『サンタクロースの部屋』というタイトルは、一九七三年十二月、クリスマスの時期にあわせて、朝日新聞に掲載された文章からとりました。装丁は西巻茅子さんのお手をわずらわせ、清潔で、愛らしい本にしていただきました。

以来、ほんとうに思いがけないことに、この小さな本は何度も版を重ね、今日まで途切れることなく刊行されてきました。著者が予想もしていなかった読み方をしてくださる読者の方もあり、お話が語り手と聞き手の共同作業であるのと同じように、本も著者と読者が時間をかけてつくりあげていくものであることを、わたしは、この本を通じて学ぶことができました。ありがたいことでした。

初版の刊行から、はや三十年以上が経過しました。この際、字を大きくして組み方も変え、新しい、若い読者が手に取りやすい形にしてはという編集部のご提案により、改訂新版を発行することになりました。構成も、内容も、基本的にはもとのままですが、時代の変化に合わせて、細かい表現のいくつかを書き改め、読者の理解を助けるためのことばをつけ加えました。少しでも読みやすくなっていれば、うれしく思います。

この半世紀のあいだに、わたしたちの生活は、大きく変わりました。当然、子どもたちの暮らしも変わります。生活の変化は、子どもたちの本やお話に対する反応にも表れてきます。この本の後半では、一九七〇年代に目立った、そのような変化についてふれました。さいわい、その時期の急激な変化は、その後、ややおさまり、今、わたしたちが接するかぎりでは、元気で、本やお話にまっすぐに向き合ってたのしむ子どもたちの姿が見られ、わたしたちをほっとさせています。

しかし、おしまいの章に収められたふたつの講演で、わたしがふれているような状況は、なくなったわけではありません。表面ではなく、もっと深いところで、問題は深刻化しているのではないかと思われます。いずれにしても、わたしの世代が育ったころに比べて、今の世の中は、全体として、子どもが育つ環境としては、望ましくない要素が数多くあるのではないかと憂慮されます。

けれども、いたずらに悲観的になることは戒めなければなりません。非常に困難と見える状況の中でも、わたしたちに希望をもたせてくれるのも、また子どもたちです。環境に影響されるのは当然ですが、子どもたち自身が、変わったわけではありません。幼ければ幼いほど、子どもであることの本質に変わりはありません。時と所をへだてても、子どもたちが絵本に対して見せる反応も、お話を喜ぶ喜び方も、驚くほど同じです。絵本の絵を子細に眺めてたのしみ、物語の展開に驚きの声をあげ、主人公の身の上に自分を重ねて一喜一憂し、おかしいと思えば屈託なく笑う……そんな子どもたちを見ていると、本は子どもたちのたのしみのもとであるという、わたしたちの信念が確かめられ、ひとりでも多くの子どもたちに本のたのしみをと願って活動するわたしたちへの励ましとなります。

装いを新たにしたこの本が、子どもと本のたのしみをわかちあおうと願う人を増やし、少しでも、その人たちの助けになりますように。

二〇一五年十月

松岡享子

文中に出てくる子どもの本とお話

＊初出時未邦訳および文中では原書を示す作品を含め、現在入手もしくは参照可能な出典情報を記載しています。

図書館――子どもと本が出会う場所

17頁 『ヘンリー・ハギンズ』 邦訳『がんばれヘンリーくん』ベバリイ・クリアリー著、ルイス・ダーリング絵、松岡享子訳、学習研究社

19頁 「三つの金曜日」『天からふってきたお金』アリス・ケルジー文、岡村和子訳、和田誠絵、岩波書店所収

20頁 「だんなも、だんなも、大だんなさま」『イギリスとアイルランドの昔話』石井桃子編／訳、J・D・バトン挿絵、福音館書店所収

25頁 『怪談――小泉八雲怪奇短編集』 小泉八雲著、平井呈一訳、偕成社文庫

28頁 「美しいワシリーサとババ・ヤガー」『おはなしのろうそく4』大社玲子挿絵、東京子ども図書館所収

「美しいおとめ」『おはなしのろうそく28』大社玲子挿絵、東京子ども図書館所収

33頁 『名探偵カッレくん』 アストリッド・リンドグレーン著、エーヴァ・ラウレル挿絵、尾崎義訳、岩波書店

『さすらいの孤児ラスムス』アストリッド・リンドグレーン著、エーリック・パルムクヴィスト挿絵、尾崎義訳、岩波書店

34頁 ピッピ／『長くつ下のピッピ』 アストリッド・リンドグレーン著、桜井誠挿絵、大塚勇三訳、岩波書店

35頁　『やかまし村の子どもたち』『やかまし村の春・夏・秋・冬』
アストリッド・リンドグレーン著、イロン・ヴィークランド挿絵、大塚勇三訳、岩波書店
『ゆかいなホーマーくん』　ロバート・マックロスキー著／挿絵、石井桃子訳、岩波書店

〝たのしみ〟こそカギ

53頁　「ゆきむすめ」（ロシアの昔話）　内田莉莎子再話、佐藤忠良画、福音館書店
64頁　『ひとまねこざる』　H・A・レイ文／絵、光吉夏弥訳、岩波書店
『スーホの白い馬』（モンゴルの民話）　大塚勇三著、赤羽末吉絵、福音館書店
72頁　『かばくん』　岸田衿子作、中谷千代子絵、福音館書店
77頁　「エパミナンダス」『おはなしのろうそく1』大社玲子挿絵、東京子ども図書館所収
78頁　『くしゃみくしゃみ天のめぐみ』　松岡享子作、寺島龍一画、福音館書店
「梅の木村のおならじいさん」『くしゃみくしゃみ天のめぐみ』所収
82頁　「ありときりぎりす」『イソップのお話　新版』「セミとアリ」　イソップ著、河野与一訳、
岩波書店所収
89頁　『どろんこハリー』　ジーン・ジオン文、マーガレット・ブロイ・グレアム絵、わたなべしげお訳、
福音館書店
90頁　『あおくんときいろちゃん』　レオ・レオーニ作、藤田圭雄訳、至光社
『わたしとあそんで』　マリー・ホール・エッツ文／絵、よだじゅんいち訳、福音館書店
『もりのなか』　マリー・ホール・エッツ作、まさきまるりこ訳、福音館書店

94頁
『ちびくろさんぼ』　ヘレン・バンナーマン文、フランク・ドビアス絵、光吉夏弥訳、瑞雲舎
『一〇〇まんびきのねこ』　ワンダ・ガアグ作、いしいももこ訳、福音館書店
『おかあさんだいすき』　マージョリー・フラック文／絵、大沢昌助挿絵、光吉夏弥訳、岩波書店
『いたずらきかんしゃちゅうちゅう』　バージニア・リー・バートン文／絵、むらおかはなこ訳、福音館書店
『シナの五にんきょうだい』　クレール・H・ビショップ文、クルト・ヴィーゼ絵、かわもとさぶろう訳、瑞雲舎
『ちいさいおうち』　バージニア・リー・バートン文／絵、石井桃子訳、岩波書店
『ピーターラビットのおはなし』　ビアトリクス・ポター作／絵、石井桃子訳、福音館書店
『きかんしゃやえもん』　阿川弘之文、岡部冬彦絵、岩波書店
『ふしぎなたいこ』　石井桃子文、清水崑絵、岩波書店
『ぐりとぐら』　なかがわりえこ文、おおむらゆりこ絵、福音館書店
『しょうぼうじどうしゃじぷた』　渡辺茂男作、山本忠敬絵、福音館書店
96頁
『だいくとおにろく』　松居直再話、赤羽末吉絵、福音館書店
『だるまちゃんとてんぐちゃん』　加古里子作／絵、福音館書店
『三びきのやぎのがらがらどん』（北欧民話）　マーシャ・ブラウン絵、せたていじ訳、福音館書店
101頁
『おこった月』　ウィリアム・スリーター再話、ブレア・レント絵、はるみこうへい訳、童話館出版

110頁　『おさるとぼうしうり』　エズフィール・スロボドキーナ作／絵、まつおかきょうこ訳、福音館書店

考えること、あれこれ

121頁　『宝島』　R・L・スティーヴンスン作、海保眞夫訳、岩波少年文庫

講演二つ

147頁　『クマのプーさん』　A・A・ミルン作、E・H・シェパード挿絵、石井桃子訳、岩波書店

148頁　「うぐいす（ナイチンゲール）」『子どもに語るアンデルセンのお話』　松岡享子編、こぐま社所収

152頁　『ラチとらいおん』　マレーク・ベロニカ文／絵、とくながやすもと訳、福音館書店

『木馬のぼうけん旅行』　アーシュラ・ウィリアムズ作、ペギー・フォートナム画、石井桃子訳、福音館文庫

161頁　「人魚姫」『子どもに語るアンデルセンのお話2』　松岡享子編、こぐま社所収

引用・参考文献

（1）102頁　後に日本でも翻訳出版された。『昔話の魔力』ブルーノ・ベッテルハイム著、波多野完治他訳、評論社
（2）109頁　『ミュンヘンの小学生——娘が学んだシュタイナー学校——』子安美知子著、中央公論社
（3）127頁　『お話とは』〈たのしいお話シリーズ2〉松岡享子著、東京子ども図書館
（4）141頁　『バビロンの流れのほとりにて』森有正著、筑摩書房
（5）144頁　『日本語実用の面』中野重治著、筑摩書房
（6）150頁　『近代読者論』外山滋比古著、みすず書房
（7）157頁　『沈黙の世界』マックス・ピカート著、佐野利勝訳、みすず書房
（8）158頁　『自閉症・うつろな砦』1・2　ブルーノ・ベッテルハイム著、黒丸正四郎他訳、みすず書房
（9）165頁　『バッハの思い出』アンナ・マグダレーナ・バッハ著、山下肇訳、講談社学術文庫
（10）168頁　『二十世紀の意味——偉大なる転換——』ケネス・ボールディング著、清水幾太郎訳、岩波書店
（11）183頁　『子どもの図書館』石井桃子著、岩波書店
（12）184頁　『本とつきあう法』中野重治著、筑摩書房

初めに発表された新聞と雑誌

サンタクロースの部屋
「朝日新聞」一九七三年十二月十日

図書館――子どもと本が出会う場所
「母の友」（福音館書店）一九六四年一月号～十二月号

〝たのしみ〟こそカギ
月刊「こどものとも」折込付録（福音館書店）
一九七二年四月号～一九七三年三月号
「母の友」（福音館書店）一九七六年五月号～七月号

考えること、あれこれ
「母の友」（福音館書店）一九六九年三月号・六月号・九月号・十二月号

ものが〝聞ける〟子に
「愛育」（母子愛育会）一九七四年八月号

「お話のことば」
「教室の窓・小学国語」（東京書籍）一九七〇年二月一日号

松岡享子（まつおか　きょうこ）

1935年、神戸市に生まれる。神戸女学院大学英文科、慶應義塾大学図書館学科を卒業後、渡米。ウェスタンミシガン大学大学院で児童図書館学を学び、ボルティモア市立公共図書館に勤める。帰国後、公共図書館に勤務した後、自宅で家庭文庫を開き、児童文学の研究、翻訳、創作に従事。「財団法人 東京子ども図書館」の設立に携わり、長年にわたり理事長を務めた。2015年6月より名誉理事長。2021年、文化功労者に選ばれた。

翻訳書に、「くまのパディントン」シリーズ、『しろいうさぎとくろいうさぎ』（ともに福音館書店）、『子どもに語る アンデルセンのお話』（全2巻）、『二ひきのこぐま』、『さるのオズワルド』、創作に『みしのたくかにと』（以上、こぐま社）、著書に『子どもと本』（岩波新書）他多数。

サンタクロースの部屋　202頁　195×150mm

1978年11月20日　第1刷発行
2015年11月1日　改訂新版第1刷発行
2021年12月1日　改訂新版第4刷発行

著　者　松岡享子
発　行　株式会社　こぐま社
〒112-0014 東京都文京区関口1-23-6
TEL. 03(6228)1877　FAX. 03(6228)1875
発行者　廣木和子
装　丁　名久井直子
装画・カット　古賀由紀子
印　刷　磯崎印刷株式会社
製　本　株式会社難波製本

ISBN978-4-7721-9058-9　C1095　NDC019